金品战法 之

箱体

擒龙捉妖

红指妙奕 著

四川人民出版社

图书在版编目（CIP）数据

金品战法之箱体擒龙捉妖/红指妙奕著.—成都：
四川人民出版社，2020.1（2021.12 重印）
ISBN 978－7－220－11747－3

Ⅰ．①金…　Ⅱ．①红…　Ⅲ．①股票交易－基本知识
Ⅳ．①F830.91

中国版本图书馆 CIP 数据核字（2019）第 299041 号

JINPIN ZHANFA ZHI XIANGTI QINLONG ZHUOYAO

金品战法之箱体擒龙捉妖

红指妙奕　著

编审顾问	江　风
责任编辑	薛玉茹
封面设计	张　科
版式设计	江　风
责任校对	申婷婷　林　泉
责任印制	许　茜
出版发行	四川人民出版社（成都市槐树街 2 号）
网　址	http://www.scpph.com
E-mail	scrmcbs@sina.com
新浪微博	@四川人民出版社
微信公众号	四川人民出版社
发行部业务电话	（028）86259624　86259453
防盗版举报电话	（028）86259624
照　排	成都木之雨文化传播有限公司
印　刷	自贡市华华广告印务有限公司
成品尺寸	185mm×260mm
印　张	15.25
印　数	5001－8000 册
字　数	230 千
版　次	2020 年 1 月第 1 版
印　次	2021 年 12 月第 2 次印刷
书　号	ISBN 978－7－220－11747－3
定　价	49.00 元

目 录
CONTENTS

金品战法之箱体擒龙捉妖

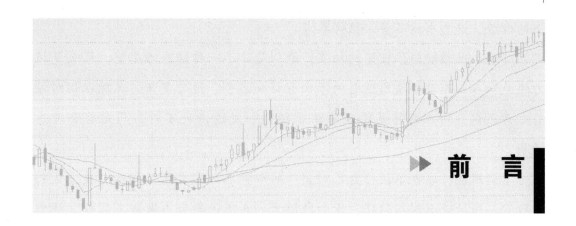

前　言

2017 年 11 月，我在四川人民出版社出版了第一本研究股价箱体的书——《金品战法之箱体大突破》，没想到竟然获得那么多的好评。热情网友的下列评论让我很受感动：

"这本书写得太好了，一次买了 15 本书，送给我身边的炒股的朋友们，书中的内容言简意赅，简洁明了，解读箱体非常完整，对我起到了醍醐灌顶的作用。对我近期的操作起到了决定性的作用，大盘配合的情况下成功率极高，是国内最好的写箱体突破拐点的好书。希望作者再接再厉写出系列丛书，让我们这些小散多多受益。"

"非常好的实战教科书，是箱体理论在 A 股的创新和升华之作。对牛股和强势黑马股的起涨拐点的研判非常有帮助，太给力了！愿股市专著中多一些像'金品战法'这样的良心之大作！"

"美女操盘手、实战高手。股市高手很多，但能把自己核心东西拿出来示人的不多，《金品战法之箱体大突破》把箱体理论与实操拔节到新高度，买在起爆点，卖在大跌前，是众散户梦寐以求的，恰是此书的精华，值得品鉴！"

"这本书在箱体细节上的研究总结，让我明白了许多在看盘上忽略的东西，也是我在股市亏钱的原因。"

"从平均线、趋势线和技术指标等，多方面综合分析股票走势中箱体形态的专著，这类书籍不多，值得参考。"

其实，我精研箱体理论的初衷，最初是源于一种强烈的愿望，那就是极力避免初入股市那些年所遭遇的惨痛亏损和被套。说句实话，我现在仍对被套心存恐惧，所以我总是特别重视止损，一发现情况不对，马上就会考虑退场。

直到现在，我也不认为自己对箱体的研究已经完成了，相反，我每天仍然孜孜不倦地进行深入钻研。理由很简单：我不但要努力做到不亏损，还想更快地赢利。

所以，出于上述原因，我研究箱体理论的目的只有两个，即避免被套和快速赢利。

要解决这两个问题，我必须从实用的目的出发去研究，而不是从学术创新的角度去考虑。

我认为其他人也和我抱有同样的目标，至少从我对周围的人观察得出来的结论是这样的。为此我阅读了大量的图书，然而最后总是发现，还是回到箱体理论中来更实际一些。

本书展示了我在钻研箱体理论过程中最近几年的思考、研究过程和结论。这些结论有效果吗？很有效果，然而应用它们的过程却绝不是想象的那样轻松和超然：手持暴涨股票时那种内心的矛盾和煎熬也不是常人能够想象的，仿佛一场地狱之旅。所以，通常人们在手中的股票刚赚到一点钱之后就跑出场了——我很理解，我的手也在抖，我也想快一点离开"地狱"。然而，在操作许多股票时，我牢记自己得出的结论而坚持下来了，这让我感觉挺自豪的，尤其当这种坚持还带给了我巨大的回报时。为此，我会在书中展示我或我学生的一些操作，特别要讲述其中的艰难。

如果您读过我的《金品战法之箱体大突破》这本书，您会发现，本书的内容与之相比，又有了巨大的创新和突破。对此我要说的是，我并没有在写作第一本书时私藏什么内容，我只是把那时还不太成熟的东西暂时扣留下来，把那时认为最有把握的东西贡献出来而已。国内外精研箱体理论的人何止千千万万，我怎么敢随便把一些还不成熟的东西拿出来，在这么多行家面前献丑呢？

最后，愿本书给亲爱的读者带来新的灵感和财富！

红指妙奕

2019 年 6 月于北京

金品战法 之
箱体擒龙捉妖

红指妙奕

第一章　市场价格成就的箱体

一只股票的价格可以上升到一个特定的水平。然后，在触及顶部的时候，它会像一只乒乓球一样弹回去，向下触及底部，接着再向上反弹回来，随后遭遇到和从前一样的阻力。

——尼古拉斯·达瓦斯

第一节　箱体的本质：分歧与波动

2017 年 4 月操作冀东装备（000856）股票的经历总是让我记忆犹新。因为，当时我和两位朋友就这只股票争论得非常激烈，那情景现在想想都感觉特别有意思。

冀东装备是一只雄安概念股，2017 年 4 月初随雄安题材连续一字板拉升，到 4 月 18 日才开始构建箱体。因为我一直盯着雄安题材股，每天也复盘查看这些股票。当时的气氛很压抑，许多人认为雄安的行情已经过去了，我的两位好朋友也是这样认为的，因此就和我发生了很多的争论。尤其在冀东装备这只股票上面，和我的争论就更多。我总是不厌其烦地对她们说这只股票很可能还要上去，而她们的观点则与我完全相反，认为这只股票正在出货，不可能上去了。

2017 年 4 月 20 日周四那天，我建了一些仓位，当然依据的是我的箱体理论。然而第二天我就被套住了，两位朋友好一通损我，导致我自己心里也有些不安，于是割了一半仓位出来观察，当天下午收盘时竟然跌停了，可以想象当时的两位朋友是什么感觉了，我被她们批判得体无完肤，无言以对。

那天晚上我压力很大，睡不好觉，于是就一直在电脑上复盘，一根K线接一根K线地查看冀东装备这几天的分时走势，又反复做箱体研究，最后的结论是还有希望，因为箱底并没有破掉，主力的手法实在太像是洗盘震仓。不过因为是周五，第二天也无法操作，所以周末两天心里感觉不太踏实，总是在电脑上一遍又一遍地复盘，反复设想主力的手法和心理，并且与我的箱体理论相对照，还做好了周一跌破22元就止损割肉、认赔出局的准备。

4月24日周一，主力在开盘6分钟后就往下砸盘，我出汗的手放在鼠标上，随时准备在跌破22元后割肉逃跑。股价最低打到了22.28元，我的心情很紧张，背上发热，然而股价返头向上了。9:43以后，这只股票在大盘急跌的情况下不再跟随大盘继续向下跌，反而逆势拉升，于是我确认主力周五和当天早盘都在洗盘，这几天的剧烈洗盘后估计是要拉上去，所以我就加进去一些仓位，到下午2:30时我放心了，并且把剩余的资金全部挂在涨停板，手不离鼠标，随时准备在主力大力拉升时抢单。见图1-1-1。

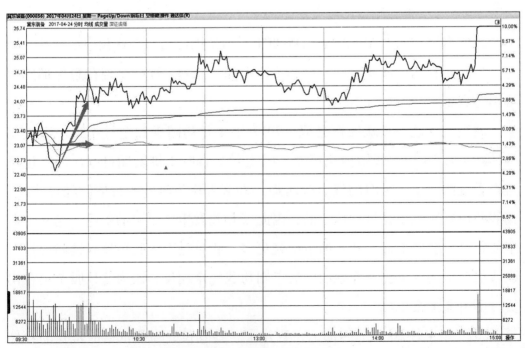

图1-1-1　冀东装备（000856）

说实话，在实际操作时，再有把握的高手也有赌博的成分，我此时也是如此，赌的就是我的判断正确，因为这几年来我绝大部分时间判断对了。建仓就是拼搏，不过我已经有了操作体系，知道什么时候可以大赌，什么时候只能尝试，并且能够在必要的时候割肉止损，不至于被真的套住而已。

在下午收盘前的最后10分钟，主力毅然地往上拉升，2分钟就拉到了涨停上，我决然跟了进去，差一点就没成功。此时我信心大增，因为以我多年的经验，在箱内涨停的股票是很有可能继续大涨的。

果然，次日冀东装备的股价就高开高走，早盘开盘十几分钟就拉到了涨停，真正突破了前期箱体。我在赚回损失的情况下还有不少赢利。以我过去的经验，主力很可能会做一波大行情，所以心情大好。

冀东装备后来涨了15个交易日，我根据二线卖出法卖出，赢利约50%左右。不过我在这里要说的是箱体，是箱体让我买入了这只股票，而箱体在本质上代表了多空博弈。见图1-1-2。

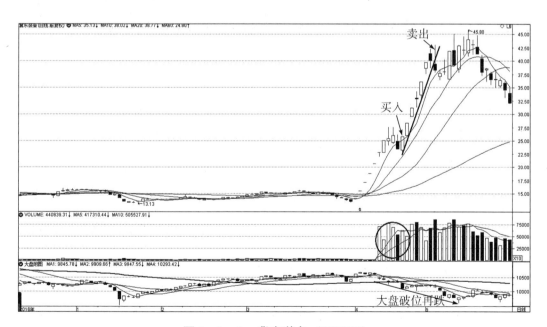

图1-1-2　冀东装备（000856）

回过头看，在那个时段，我与两位朋友对这只股票的走势有争论是很正常的，仅是那一大段涨幅就够为惊心，200%呢！股价走势可谓如龙似妖。

在股价的运动之中，原本并不存在一个叫作"箱体"的东西。"箱体"

是达瓦斯发明出来的简化模型，这个模型告诉我们，股票价格的运动，常常是在一个有限的高点和低点之间的上下波动。围绕着股价的这一涨跌波动区间，可以画出的长方形区域，就是一个箱体。见图1-1-3。

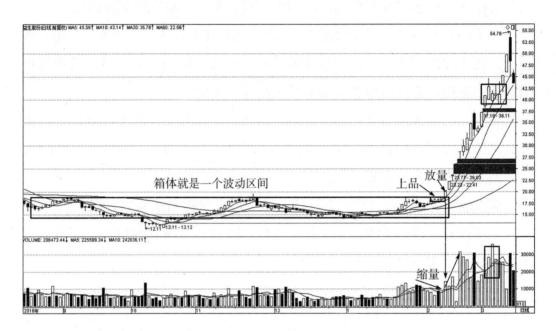

图1-1-3　益生股份（002458）

箱体的本质不是一个长方形，而是股价波动形成的虚拟长方形，"波动"才是这里的关键词。

历史上成功的操盘手们都很关心波动。例如伟大的股神杰西·利弗莫尔，中学毕业后刚入股票经纪行，就已经非常关心股价的不断波动了，他在《股票作手回忆录》里写道：

我可以记住价格在上涨或下跌的前一天是如何波动的。

那么然后呢？我们要问，波动又来自于哪里呢？在现实生活中，是什么东西诱发了波动的产生呢？

我想，产生波动的根源，是现实生活之中人们之间不可避免又难于改变的意见分歧。

让我们看看现实中的一些情况吧。

开篇我已经说过了，在我的生活圈子里有两位朋友是我多年的至交好友，也是股友，而且我们的友情还缘于炒股。

2005年初，就是受到了她们热情的鼓动，对股市一无所知的我才大胆入市。从那时起，我们的交往就从"见面只打个招呼"变成经常讨论股票了。

她们经常被套，因此多年来亏了不少钱。在我写作本书的此时此刻，和以往一样，她们依然毫无悬念地没有躲过熊市，两人都被深深地套在股市里，手中的重仓股之一是她们共同看好的东方证券（600958），哪怕这只股票的价格已经被腰斩了也仍然坚持着。

难道我从来不告诉她们我的炒股秘诀吗？绝对不是。情况正好相反。我特有的箱体理论，就是在与她们的不断争论和争吵之中完善起来的。

我一直向她们宣扬箱体理论，也时时把我看好的中线股票推荐给她们关注。其中一位朋友常常会听从我的意见买入某只股票，但是她从不听从我建议的在箱体突破时买入（她认为那样的价位太高了），也从不按照我的建议持股。当她看到买的股票赚了一些钱之后，手就开始发抖了，卖出之后，看到股价还在继续上涨时就又后悔了，但她下次仍然拿不住刚赚钱的股票，如此循环往复。

另外一位朋友的情况就不一样了，她是一位坚定的抄底者，她最喜欢的操作手法就是在股票大跌的时候伸手去"接飞刀"，虽然有时小有赢利，但大部分时候都会被套住。她从来不相信我的箱体理论，也从来不买入我向她推荐的股票，她认为我每次推荐的股票都已经涨得太高了，大底已经错过去了，要是在那个"最低点"买入就好了。就拿前面说过的冀东装备来说吧，虽然最后我赚钱出来了，但她仍然坚持说那是我的运气好。不过她非常后悔没有在跌停那天我被套牢的时候买入。虽然多年来她眼睁睁地看着我在较高的位置买入之后也能赚钱，但她仍然十分确信我的方法"早晚要亏大钱！"

当然她们也有共同之处，那就是她们一旦被套住之后，心理上似乎马上就平衡了，然后立即就地卧倒持股不动。我虽然坚持严格的卖出原则，并且一直苦口婆心地向她们灌输，但是她们从来不愿意割肉止损，真是没办法啊！

在被套住的时间里，她们也会谦虚地征求我的意见。然而，哪怕我已经第 10 次建议她们割肉离场，下次见面时，她们仍然会告诉我手里的那只股票还被套着呢，然后她们就会第 11 次征求我的意见。她们被套住时的持股耐心远远高于赢利的时候，依我看来，她们手中股票赢利时持股的那种痛苦，要比被套时的痛苦大得多。

如今我也想明白了，若是没有两位朋友这样与我意见有分歧的人存在，我研究的箱体必定也不会存在，甚至于股市也必定不会存在。

为什么呢？股市之中如果没有意见大相径庭的人们构成多空两派的话，那是必定不会发生任何交易的。

就拿箱体来说吧，如果没有多空双方的意见分歧，我们也看不到任何箱体了。箱体是分歧的结果和表现，从箱体我们能研究出博弈双方的行为，能看出主力的动机。

我从来都认为，技术分析其实是行为分析。箱体或指标只是工具，我们用这些工具去分析在场各方的行为，其中，主要是去分析主力的行为和心理。

有时我想，股市里一些人赚到的钱，恐怕都是另一些与他们有分歧的人把自己的钱硬塞在他们手里的吧？

就我的观察，人们（包括我在内）像是宁肯亏钱也要捍卫自己的想法似的。市场中人们的行为似乎表明，每个人都在用身家财产捍卫着自己的想法，谁也不肯向他人低头，人们之间对于股市的分歧似乎永远都不可避免，大家想要共同负责让股市交易永远进行下去吧？

当我读了国内外众多前辈高人的著作之后，我才发现，原来有人早就明白我刚领悟不久的"真理"了，就像 J. P. 摩根说的那样直白简单："人们是会发生波动的。"我对这句话的理解就是——人们是会产生分歧的。

分歧不但造成了被动性的买卖挂单，还造成了主动性买盘和主动性卖盘，是主动性的买卖盘推升或压低了价格，造成了波动。见图 1-1-4。

图 1-1-4 是某只股票的上下五档买卖盘口，我称之为"被动买卖盘"。主动性买盘和卖盘，我们是不会在盘口看见的。如果没有主动性买卖盘的

话，这些挂单永远不会被撮合成交。也就是说，市场之中如果只有被动性的买卖单子，交易所的计算机是无法进行价格撮合的。只有主动性买盘和卖盘愿意接受撮合，并按照对手的价格成交。交易所计算机总是先在队列中找到主动性的买单或卖单，然后再根据价格优先、时间优先原则，匹配被动性的对手单撮合成交。在这一过程之中，当前价格就向着对手的被动性挂单价格迈进了一步。

卖五	4.97	212
卖四	4.96	1330
卖三	4.95	1026
卖二	4.94	2998
卖一	4.93	41
买一	4.91	1880
买二	4.90	1341
买三	4.89	1859
买四	4.88	783
买五	4.87	553
现价	4.93 今开	4.95
涨跌	-0.03 最高	4.96
涨幅	-0.60% 最低	4.85
振幅	2.22% 量比	1.05
总量	32371 总额	1585万
外盘	11679 内盘	20692

图1-1-4 被动挂单

从图1-1-4可以看出，人们总是对市场持有多空完全相反的看法，一方看空，一方看多，双方在当前价位附近僵持着，各自的买卖量可以看出多空看法的不可调和，这就是不可调和且永远存在的分歧。我称之为"分歧定律"。

分歧定律：分歧是不可避免的。

分歧定律造成了波动，因此还有一个波动定律。

波动定律：波动是不可避免的。

由以上两个定律，我们可以得到一些重要的推论，例如：

1. 市场中的参与者越多，则分歧越多，波动越不可避免。

2. 分歧越小，价格走势越单一，将造成价格的寻箱运动；分歧越大，价格走势越均衡，将造成价格的上下波动形成箱体运动。在产生箱体的时段里，意见分歧的双方基本上势均力敌。

3. 由于波动是不可避免的，而箱体是价格运动在一段时间内受限的波动，因此箱体也是不可避免的。换句话说，上升或下降趋势中的箱体都是不可避免的。我在操作冀东装备（000856）时遇到的箱体就是上升途中的箱体。

4. 知道了箱体的不可避免性，你就可以在心理上事先做好准备，在上升趋势中持股的时候，能够容忍正常的回调波动，这样可以增加你持股的稳定度，也能增加你的赢利。这就是我们为什么只在箱体跌破箱底后才出局的原因。

5. 考虑到分歧的不可避免性，市场上肯定会有很多人和你的想法不一样，这样，你就没有必要等到市场各方都和你的想法一致的时候再采取行动，也没必要在市场存在分歧时，拒绝按照自己的想法采取行动。

6. 在牛市或熊市时期，市场中人们的分歧貌似很小，看法好像相当一致。这时候你要想到，根据分歧定律，重大的分歧，以及它所导致的重大转折，可能即将到来。

7. 任何信息，由于它不可避免地代表着市场之中分歧的一方，则它是谣言或垃圾信息的可能性不可避免。股票市场的运行机制就是鼓励分歧的，经纪商为扩大收益，其运营原则就是想尽办法鼓励人们进行交易，这变相鼓励了虚假信息的传播，加大了人们之间的分歧。

……

我们看到，定律的使用能够让我们更加方便简捷地思考、讨论和理解问题。

无论上升或下降趋势，箱体都是不可避免的，这说明，在股价运动的任何时间段里，压力和支撑都是不可避免的，代表压力的空头和代表支撑的多头之间，他们的观点和看法相互存在矛盾，也是不可避免的。

我们无法看到场中成千上万人之间的观念斗争，然而价格的波动和箱体演示了这样的斗争：起初多头占到优势，股价不断攀升，双方的斗争随着价格的上升达到了某个临界点，此时价格的运动发生了本质的转变，空头转而占到优势，股价反而开始下跌，这个多空转换的临界点，就是价格的转折点，也是我们画箱体上沿压力线的根据。同样的办法，我们又画出了箱体的下沿，因为股价在那里也发生了转折，如图 1-1-5 中神火股份（000933）在 2018 年 10 月 10 日至 2019 年 2 月 25 日期间的箱体所示。

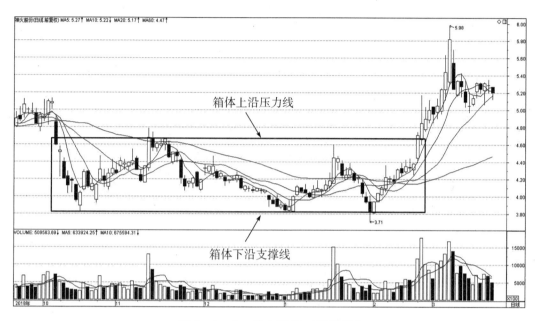

图 1-1-5 神火股份（000933）

股票的成交来自于多空双方的分歧，每个参与者的思想又会随着情况的变化而变化，因此各个价位的压力和支撑也在变化。在上升或下降趋势之中，随着新箱体的出现，旧的箱体所代表的压力和支撑就失效了，这种失效的压力和支撑，其实是压力和支撑的迁移和变化，也是趋势赖以形成的根本。

第二节　转折点：箱体的压力和支撑

2015 年，我为三个学生开过一个小班课，其中一个学生来自北京，是理工科毕业生，在一家国企工作。他对箱体非常感兴趣，所以我们探讨了很长时间。

在探讨期间，我发现这个理科生把箱体当成了一个几何图形来对待，并且好像认为箱体先存在，K线应该在箱体里面走，不应越雷池一步似的。为此我们展开了长时间的讨论甚至争论，我认为箱体原本就不存在，它只是近似地为压力和支撑的规律建立了一个模型、划定了一个边界而已。

不过这次的争论很有建设性，因为我们把筛选出来的股票一只只看过去，一个箱体一个箱体画过去，然后就发现了宁波富邦（600768）这只股票。

2015年3月2日，宁波富邦在箱体中已经做了很长时间的下品。我们讨论后得出的结论是，这只股票非常好，很可能有长线行情——结果竟然被我们说中了。见图1-2-1。

图1-2-1　宁波富邦（600768）

3月3日，宁波富邦温和地突破了箱体，为我们留出了一天的建仓时间。虽然后来两个月持股的时间是一场精神折磨，其间也出现过一些回撤，但因为持续地关注和研究，我们几人投入的资金全部翻了倍，这不得不说是一种幸运。

我发现刚刚接触箱体的人们，大多都像过去的我一样，只是把箱体理解为一个套在K线上的长方形而已。他们只看到了画在屏幕上的箱体方框，却看不到没有画出来的压力和支撑。

所以，我经常向人们唠叨说，不要仅仅看到箱体这个长方形，还要想象一下，在箱体这个长方形的里里外外、上上下下，每个价位上都潜伏着虎视眈眈、手握资金的买家，也暗藏着坐立不安、手持股票的卖家，这些人随时都会出手，因此到处都充满了无形的压力和支撑。

我们画出箱体，只是粗略地理解这些压力和支撑，用箱体表明我们对当前价格波动的解读，那就是：在一段时间之内，价格的波动是相对平稳的，是有范围的，压力和支撑的上限和下限是相对固定不变的；我们面对箱体所看到的不是一个方框，而是多空双方博弈的情况，以便找到出手的机会，如此而已。

每天盯盘的人都知道，在一般情况下，很少有股票开盘就直接涨停，日K线像坐着火箭一样直飞冲天，不做任何停顿地向上寻箱；也很少有股票每天开盘就跌停，像砖头坠落那样垂直而下。多数情况下，在向上和向下两种波动的方向上，在每个价位上，都存在着顽强的、黏稠的阻力，股价向上冲或向下砸都很困难，走势总是一分钱一分钱地磨磨叽叽。

这时如果查看价格走势图，我们就可以看出，在这种阻力影响之下，许多地方存在着无形的压力和支撑，它们就像一条条水平的警戒线一样。一只股票的价格可以上升到一个特定的水平，然后，如同撞到无形的屋顶，接着又像一只乒乓球一样反弹回去，又向下触及地板，接着再向上反弹回来，随后遭遇到和从前一样的屋顶。

我们针对箱体所设计的任何买卖操作，都是以代表压力的箱体上沿和代表支撑的箱体下沿为依据。箱体理论告诉我们的最重要一点，就是要关注价格运动的压力和支撑，并利用压力和支撑赚钱。

箱体理论的实践，就是如何寻找压力和支撑，压力和支撑有什么样的特性，压力和支撑如何形成趋势，等等。

如何寻找压力和支撑呢？方法很简单，就是寻找那些多空双方力量对比发生了本质的变化，从而带动价格发生变化的转折点。

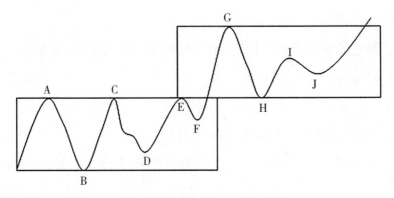

图1-2-2　转折点

图1-2-2中，股价前后运行在两个箱体之中，两个箱体是依据A、B、C、D……这些转折点画出来的，这些转折点都是多空双方博弈的临界点，此时压力和支撑的力量对比发生了质的变化，从而使原本向上涨的股价转头向下，或使下跌的股价转头向上。

转折点有两种，一种是压力点，如上图中的A点、C点、E点、G点等，另一种是支撑点，如上图中的B点、D点、F点、H点等。

压力点代表卖盘占主导地位的价格点，支撑点则代表买盘占主导地位的价格点。

其实，代表压力和支撑的是一个压力区和支撑区，当股价进入这些区域之后就会发生转折。

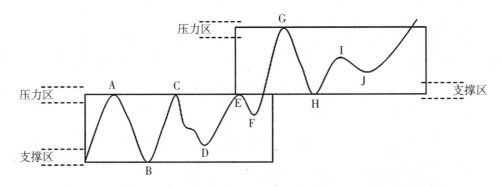

图1-2-3　压力区与支撑区

压力和支撑会发生转换。如图1-2-3所示，股价向上突破前一箱体时，原来的压力区就变成了支撑区，这就是箱体理论告诉我们的真理之一。

为什么压力区被突破之后，会变成支撑区呢？

多头在向上冲锋的过程之中遇到了空头的阵地，这个阵地就是压力区。当多头花费巨大成本冲破这个阵地之后，筹码已经换手到了多头的手里，原来的空头阵地，现在变成了多头的阵地，压力区也就变成了支撑区。

多头如果在接下来的时间里顶住了空头的反扑，守住了这个阵地，则说明多方的力量足够强劲，后续上升的空间将会比较大。这就是我们重视"天品"的原因。同样的道理，当箱体的下沿被跌破之后，原来的支撑区就变成压力区。

如果将压力区和支撑区的概念扩大，就形成"压力带"和"支撑带"的概念。

参与股市交易各方的分歧，在盘面上会明确地表现为上下多档买卖挂单，暗中还有很多人准备在价格合适的时候买入或抛出，这种明里和暗里的买卖单，真像拔河的两堆人，只是他们不是向两边拔，而是把一个叫作"当前价"的大铁板往对面方向推，这两大堆人就制造了围绕当前价格的"压力带"和"支撑带"，在"压力带"里面的人都是空头，在"支撑带"里面的人都是多头。在当前价以下的区域，都属于"支撑带"；在当前价以上的区域，都属于"压力带"。

我们应该在心里看到，压力带和支撑带所产生的力量都非常巨大，这种"万吨之力"可以轻易地粉碎任何一个小散户，所以我们要对这种力量感到敬畏。

价格的波动之所以给我们一种乏力的感觉，并不是因为压力和支撑的力量不够大，而是因为压力和支撑的力量互相差不太多，彼此之间像掰手腕一样僵持不下而已。

当价格向上移动时，支撑带和压力带就在上升，压力会越来越大，直到价格再也无法继续向上移动为止，此时的价格可能表现为箱体上沿所代表的压力。反之，当价格向下移动时，支撑带和压力带同步向下移动，支撑越来越大，直到价格无法再向下移动，并接着发生向上的转折，此时的价格可能成为箱体下沿的支撑。

在盘口上也可以看出压力和支撑。

对于已经发生的交易，可以通过内盘和外盘来得知多空的强弱；尚未发生的交易，可以通过委比来观察多空力量的强弱。

为什么这么说呢？以内盘为例，内盘是以买入价格成交的数量，也就是持股的人不管价格怎么样，直接抛掉股票的数量，所以从内盘可以看出有多少手股票是急着卖掉的。外盘也一样，可以看出有多少手股票是不看价格急着买进的。

委比是金融或证券实盘操作中衡量某一时段买卖盘相对强度的指标，委比方面，比如涨停的股票的委比一般是100%，而跌停时委比是－100%，委比为0，意思是买入（托单）和卖出（压单）的数量相等，等等；总之，委比是正时，值越大越说明买入踊跃，反之亦然。

通常情况下，价格总是时而向上或时而向下地波动着，这表明多空双方一直在进行着斗争。

箱体的上沿和下沿怎么画？

我们把股价发生转折的点，叫作压力点和支撑点，用压力点的连线代表压力线，用支撑点的连线代表支撑线，这样的连线就构成了箱体的上下沿。

这是比较原始的箱体上下沿画法，以后我们会改进这种画法。

我们现在只要知道，箱体理论让我们用转折点来推测压力线和支撑线就可以了。

箱体的本质之一，就是影响价格波动的压力和支撑。

既然如此，我们就不介意用箱体理论以外的其他方式来描述压力和支撑了，只要那样的方式同样能够很好地描述压力和支撑就可以。

比如说，上升或下降趋势线通道的上沿和下沿，描述的也是压力和支撑，以及压力和支撑的变化方式。

在画上升和下降的趋势通道之时，人们的做法与画箱体的做法一样，就是把那些转折点连在一起，比如把那些压力点连在一起作为压力线，把那些支撑点连在一起作为支撑线。见图1－2－4。

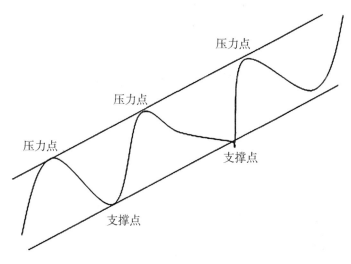

图1-2-4 趋势通道

这种画趋势通道上下沿的方式，为我们以后理解"斜箱"打下了基础。

另外，箱体理论不但告诉了我们如何寻找压力和支撑的关键点，还告诉了我们压力和支撑的特性。

例如前面已经说过，压力线和支撑线，就像重要的阵地一样，一旦被对方真正攻克了，它很可能就变成对方的阵地。这就是压力和支撑的特性之一。

这种特性运用在实战中就是，如果股价向上破箱之后不再回箱，此时我们可以看多，也就是说："被攻克的压力位，它已经变成了多头的阵地，进而起到支撑的作用了。"

又例如箱体理论之中的假顶假底理论（本章后面将详细讲到），其所讲的意思无非就是："当支撑点抬高了之后，上方的压力位也很有可能被攻破，其逻辑是既然支撑位抬高了，那就说明多方已经开始进攻并占到优势了。反之，当压力位降低了之后，那么下方的支撑位很有可能被跌破。"

箱体理论的内容好像非常多，但是，只要时常把人们的分歧放在脑子里，把压力和支撑放在脑子里，所有关于股票箱体的内容，就都会变得容易理解了。

第三节　流动性与箱体

当我们判断哪些箱体比另一些箱体更好时，"流动性"这个指标就显得非常重要了。

什么是流动性？就是把手中的股票换成现金的能力。

曾任中国人民银行调查统计司司长的盛松成先生，在介绍其大作《中央银行与货币供给》时，曾非常通俗地解释过"流动性"，他说：

> 什么叫流动性？就是以最低的成本，甚至不用什么成本，能够换成现金的这么一种能力，就叫流动性。流动性最强的是什么？就是现金，就是M0，所以M0就是现金，我们中国现金有6万多亿，这是M0。这就是真正的完全的流动性……

> 实际上任何东西都有流动性，我这手表也有流动性，为什么？我把它卖掉，卖掉了就是流动性。当然困难一点，不如银行存款，银行存款我转过去，不要什么成本。我卖掉手表有成本，2000块钱可能只能卖1000。任何东西只要有价值就有流动性，房子也有流动性，但房子的流动性很差，为什么？你卖起来很困难。流动性最差的是什么东西？大家知道如果作为财富，最差的流动性就是在座各位，包括我，劳动力的流动性是最差的。因为你要把自己卖掉非常困难。有一次我给大家讲课，我说在座各位你们的流动性是最差的。其中有一个女大学生非常漂亮，她不服，她说我的流动性最强。我说为什么？她说她很容易把自己卖掉。我说是的，你把你卖给你的男朋友，卖给你的老公非常容易，年轻、漂亮。但是你去找工作，你卖给老板是作为劳动力出卖，我说很可能你要失业的。而且因为你这个流动性还有一个最大的特点，这就是你三天不吃饭就差不多了，一个星期不吃饭你要到另外一个世界去了。如果我手表放一个星期，一点问题都没有，我照样可以卖掉，所以流动性

最差的就是劳动力。

我在《金品战法之箱体大突破》中，以及在我私下的讲课中，都曾经多次强调，越是那些超级大牛股，其在K线图和分时图上的走势，就越具有平滑圆润的美感。那些资金雄厚的高水平操盘者，不但把K线的走势操作得平滑完美，而且把分时图的走势也操作得像"巨蛇身体"一样转折顺滑、节奏优雅。

其实，股价走势圆润光滑的表象，说明了其内在流动性的充裕。

流动性的充裕，就是指各路买方资金的充裕，也是指持股卖方的活跃。

这里面的道理非常简单：当市场中的交易非常活跃的时候，当前价上方各档的卖单和下方各档的买单都很多，在任何一档价位上都会发生成交，把手里的股票卖掉变成现金非常容易，流动性强。

另一方面，有成交就有压力和支撑，流动性强时，价格就会在一个阻力很大的环境之中运行，就像手臂在黏稠的水里面运动一样，动作无法变得敏捷而突然。

你可以试试在水中打别人一拳，别人可能感受不到什么，也就是拳头在运动的整个过程之中，在每一个点上都有阻力。

向上的阻力就是压力，向下的阻力就是支撑力。

流动性强的股票，它那"万吨巨力"般的压力和支撑，能够瞬间粉碎任何一个中小资金的努力。几万、几十万元买进去，几十、几百手卖出去，对于股价的波动几乎没什么影响。股价的波动很难发生"毛刺"形态，任何一个方向的价格突变，都受到巨大阻力的修理整治。

因此，股票价格光滑的走势，就是这众多的阻力造成的，这一点在分时图中看得更加明显。

当某一股票的成交非常活跃的时候，其分时走势图就会非常的流畅，没有零成交的水平线，也没有突兀的暴起暴落。

对比图1-3-1和图1-3-2两张分时图的走势可以看出，前一张图显示出较强的流动性，后一张图显示出的流动性就弱了很多。

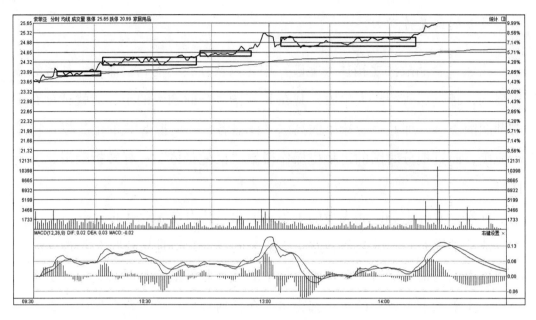

图 1-3-1 流动性较强时的分时走势

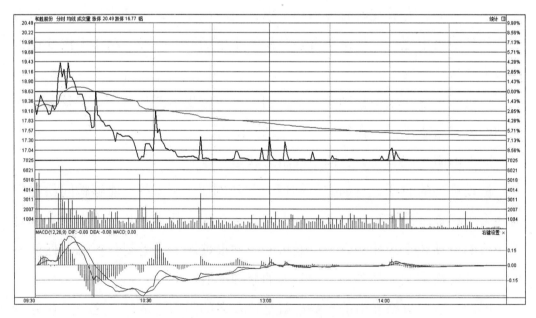

图 1-3-2 流动性较弱时的分时走势

我们可以说，流动性越强，股价的走势、箱体内的波动也就越平滑，箱体内部的价格波动，遇到的支撑和压力也越多。

在流动性很强的股票之中，跳空方式的暴涨或者暴跌，往往只会发生在开盘时的瞬间，盘中的暴涨暴跌，只能发生在很短的时间之内，这一切现象背后的原因，都是强大的流动性给价格变动造成了巨大的阻力。

也就是说，流动性越大，阻力就越大，价格的走势将越加平滑和柔缓。

对于主力来说，它的买卖盘都是很大的。流动性强的股票，可以减少主力的买卖成本，但却会提高主力的拉升或者砸盘成本，为什么呢？因为，流动性强的股票，在每一个档上都挂着巨额的买单或者卖单，主力想买也容易，想卖也容易，但若是想要拉升，就要花费巨量的资金，去冲破上方的各档卖单；若想砸盘，就要抛出巨量的股票，去消化下方各档的买单。为什么那些超级大盘股或者蓝筹股，它们不容易出现涨停或者跌停呢？那正是因为它的流动性实在是太强了，向上和向下的阻力实在是太大了。

主力在拉升的途中，为什么需要制造箱体来洗盘呢？

那是因为，在主力拉升的途中，所遇到的抛压会越来越大，也就是说，他所遇到的空头流动性阻力会越来越大。主力需要通过箱体的磨叽，来使过热的流动性冷却下来。

让我们假设，某一主力，因为资金的限制，所能克服的流动性抛压是一定的。那么，当流动性大到一定程度的时候，主力就会停止继续与流动性对抗，直到降温后的流动性达到一个适当的、主力能够对付的程度为止。

这就是为什么主力一定要等到金品箱体出现之后，才进行突破的原因，实际就是主力要克服流动性所造成的阻力。

主力为什么喜欢突然袭击连续拉涨停呢？这是因为，主力要抢在新的流动性阻力被诱发出来之前，先达到自己的价格目标。

只有当主力在出货的时候，他才需要最巨大的流动性，因为只有这样才能减少出货的成本。

这就是主力希望在出货期间有利好消息并且利用消息诱多的原因所在。

因此，流动性越大，阻力就越大，价格的走势将越加的平滑和柔缓。

当然，一只股票的流动性很大，它近期的平均换手率，一定远远超过之前的平均换手率。

所以，要从平滑的走势、成交量和换手率的大小，来综合判断一只股票流动性的大小。

流动性的本质，从人性和微观的角度来看，就是短线盯盘的人多了，即时的参与者多了，流动性就强了，股票就火了，人气就旺了。

参与的人多了，分歧就多了，只有这样，才能造成在每个价位上都有成交。

请你想象一下，在每天的交易时间段中，在全国甚至全世界各地千千万万个家庭或工作场所里，都有人在盯着电脑上的同一只股票、同一个期货合约或同一个外汇品种这种宏大的场面吧！这些人各自怀抱着看多或者看空的不同看法，有的人是从技术面上去观察，有的人是从基本面上去理解，有的人是从消息面上去把握，他们都认为自己是对的！虽然从概率上说，在任何一个时点上必定有一定的资金是错的。然后，这些注定分歧的各方就不断地发生着交易，按照自己的观点在多方或空方下注。

流动性强的标的，在多个价格上都有成交，说明在多个价位上都有分歧。

2018年市面上最火爆的标的，比如说苹果的期货合约，其流动性之强，分歧之大，已经到了让人不能理解的程度。明明苹果遭受了广泛的气候灾害，为什么还有那么多的人在多个价位上做空而亏损呢？

巨大的流动性和广泛的分歧，正是赢利和亏损的来源。

流动性与分歧，在股票市场中几乎是同义词。

由此我们可以得出几个结论。

第一，无论基本面的情况如何，多空分歧将一定存在，不可避免（分歧定律）。

第二，参与的人越多，分歧也就越大，流动性也越强。

第三，市场上的分歧，一定会在专家的论文和媒体的文章之中被广泛地表达出来。所以，对任何一篇文章，哪怕它看起来很有学识、论据充足，你也不能坚信。也就是说，你不能坚信任何一个专家。因为，任何一位专家，他只代表了分歧的一方，而这一方很可能就是错的。

第四，人们的分歧是亏损的本源，也是赢利的本源。

第五，由于分歧的不可避免性，所以很多时候，我们对价格运动的看法和自信可能都是错的。

第六，基本面等方面的消息或政策，其对价格的走势的影响，视其被宣传和被广泛接受的程度而定。

第七，由于人们的分歧是主力赢利的根本原因，所以主力一定会利用分歧、制造分歧，他们一定会歪曲信息，一定会利用专家之口传播某种理念，因此我们更应该根据实实在在的趋势、箱体中的价格走势和量能来判断市场。

我们可以从价格的走势之中，从箱体内股价的波动之中，判断一只股票的流动性是不是很强，参与的资金是不是很大，人气是不是很高。

我们只参与那些流动性强的股票，只选取那些波动走势平滑、上涨放量下跌缩量、红肥绿瘦的箱体。

小　结

箱体的本质是因为股市参与者对价格认识的分歧所形成的价格的波动而产生的，因此就有了看似是废话却十分有用的两个定律：分歧定律和波动定律。

分歧定律：分歧是不可避免的。

波动定律：波动是不可避免的。

上面这两个定律所揭示的"不可避免"，造就了两百多年来世界股市波澜壮阔的历史，箱体就在其中。

箱体是由价格的多个转折点确定的。箱体中的转折点不但反映了价格的压力和支撑，更反映了大众的心理波动或习惯。当这样的心理波动或习惯被突破时，就将发生破箱，价格也就开始新的寻箱，行情也因此产生。

流动性是我们对市场情绪和股票参与程度的量化观察，是考察股票的基础武器之一。

可能本章的内容略显枯燥，但这些知识无一不是我们决战股市的基本"内功"。

金品战法之
箱体擒龙捉妖

红指妙奕

第二章　价格的微观博弈与箱体

一旦我判断出这个箱体的范围，只要股价没有脱离箱体，无论涨跌都没有关系。事实上，只有当股价在箱体里不上蹿下跳的时候我才会担心。

——尼古拉斯·达瓦斯

第一节　股价的运动与箱体

2007 年时，我在世纪星源（000005）这只股票上踏空，丢掉了一波大行情。

2014 年我又一次介入这只股票，虽然获利，但也不是特别理想。

2014 年 9 月 11 日，世纪星源股价以温和运动形成的上品顶到了箱体的顶部，其后又略为突破，形成了天品。次日即 9 月 12 日周五，早盘开盘后即向上突破，10 分钟后我和我的几个学生都买入了这只股票。9:50 的时候，这只股票涨停了。理论上说这是一次完美的操作，十几个交易日内，我们的资金最少都增长了百分之四十几，然而对我个人来说，却是一次重大的失误，因为我没有继续关注它接下去的走势。

在接下来的 3 个月里，世纪星源在 4.30 元上下震荡持续构筑箱体，期间多次在箱体内部涨停。12 月 11 日和 12 日又放巨量拉升，一直到 12 月 18

日都维持着上品和天品形态。之后价格跌回到箱体内部维持着箱体内的下品走势，直到 12 月 26 日。

在此期间我早已出局，且正在旅游途中，所以也就不太关心这只股票了。然而我的两个可爱的学生，却在 12 月 22 日到 25 日期间建了仓，其建仓的理由是完全正确的，因为他们不但看到了具有黑马基因的大箱体，还看到了下品，以及股价在箱内的涨停，种种迹象表明，这只股票将向上突破。

然而 12 月 26 日周五之后这只股票停牌了。直到次年，也就是 2015 年的 5 月 11 日才开始复牌。复牌之后，股价连续向上一字板涨停，一共拉出 14 个涨停，寻箱线比许多新股都长，我的两个学生赢利 300%，而我因为没有预先介入，只赢利了之前的 40%。在股价连续涨停这段时间里，我眼看着它往上涨却没有任何机会进入，人生无常如此。见图 2-1-1。

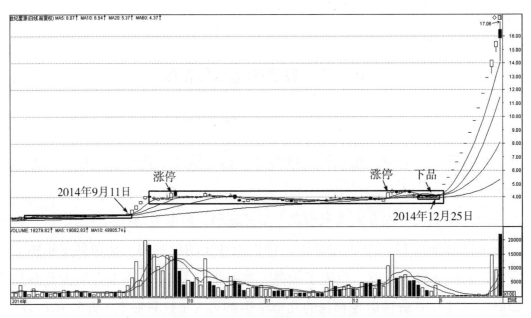

图 2-1-1　世纪星源（000005）

不过，无论是我们的第一次赢利，还是两个学生的第二次资金翻三倍，都是基于我们对股价在箱体内外运动的透彻了解。

假如给你一只股票的 K 线图，除了成交量之外，什么指标都没有，那么你可以在 K 线图上画出大大小小的箱体。

这样一来，你就只能承认，股价仅能在两种地方运动，即箱体的外面或箱体的里面。

股价在箱体的外面时，它的运动比较简单，只有一种运动：寻箱。

股价在箱体的里面时，它的运动就比较复杂了：造箱、破箱、回箱，制造止涨假顶或止跌假底，等等。

股价在箱体里面的运动方式，有时预示当前箱体快完结了，有时则预示上升或下降趋势要完结了，这样的时候，大多会在箱内产生小箱体——金品。

这些都是我们在实战中寻找赚钱机会的理论基础，也是本节中我们要仔细讨论的东西。

一、股价在箱体外的运动——寻箱

股价在箱体外面的运动是单一方向的，会持续地朝着向上或向下的方向发展，直到压力和支撑把它限制在一个相对的价格区间——箱体里面，这个过程就是寻箱。

箱体的发明者达瓦斯，并没有阐述寻箱的过程。也许因为不盯盘，也不做短线，达瓦斯对寻箱过程是比较苦恼的，因为在股价寻箱的时候，他认为自己的箱体理论就没有用武之地了。他写道：

> 在理论上，我的箱式方法是一个很好的工具，它可以告诉我单只股票的发展趋势，因此非常有用，除非是在股价快速改变的时期很难定义上涨或者下跌的极限，才可能导致这种方法受到限制。

达瓦斯所谓"股价快速改变的时期"，主要指的就是寻箱时期。

由于波动不可避免，寻箱运动终将会受到箱体的阻碍。这是为什么呢？因为寻箱是一方占优势的冲锋，在冲锋的过程之中，将会遇到敌方箱体的阵地防线，从战斗的角度去看这个过程的话，就好像冲锋的目的就是为了寻找敌方的阵地似的。

因此，寻箱，就是股价朝着向上或向下方向"寻找箱体"的运动过程。

在寻箱之前和之后，股价都在箱体里面运动。

如图2-1-2亚普股份（603013）所示，就笔者撰稿的这段时间而言，大多数新股上市之后，都有一个连续拉升的过程，这就是一个典型的寻箱过程。在这个过程之中，多方力量占据压倒性的优势，空方无力还击，因为潜在的空方——那些中了新股的幸运儿，他们大多不愿意轻易地抛掉手中的股票，其结果就是变相地加入到了多方的阵营。

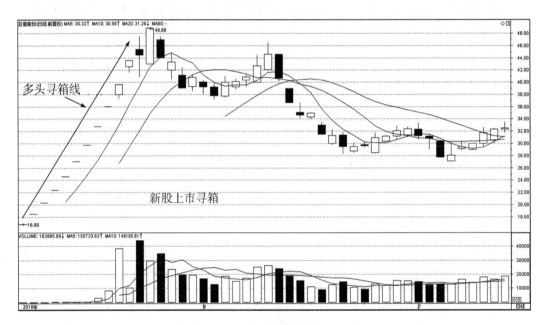

图2-1-2　亚普股份（603013）

随着向上寻箱的继续，多空分歧越来越大，抛压也逐渐加重，直到某一天，向上的寻箱被足够大的抛压所终止，此后股价大多会有一个上下波动的过程，其波动的范围往往被限制在一个压力和支撑的区间——箱体里面，于是找到箱体了，多头和空头的力量达到相对的平衡，寻箱过程结束。

另一种情况更加普遍：股价原本老实地在一个箱体里面上下波动着，忽然受到某种刺激、遭遇某种力量，多空双方的力量失去了原有的平衡，价格突破或跌破当前箱体的上沿或下沿，从而开始了朝着一个方向运动的求索——寻箱，直至寻找到新的箱体之后方才结束。

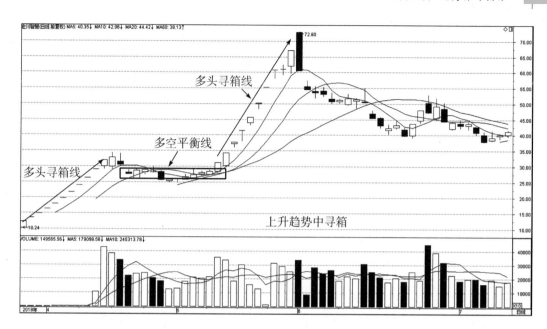

图 2-1-3　宏川智慧（002930）

　　图 2-1-3 中，宏川智慧（002930）在经历了一段上市初期的寻箱之后，在 25—32 元的区间建立了一个箱体。之后于 2018 年 5 月 8 日至 9 日两天向上突破箱体，展开了另一段向上的寻箱过程，直到 6 月 1 日跳空高开 7 个点后持续下跌，至下午 13:42 分跌停，宣告向上的寻箱结束了。

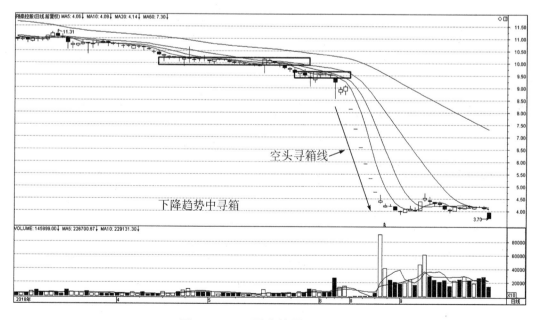

图 2-1-4　刚泰控股（600687）

图 2-1-4 中，刚泰控股（600687）在持续的阴跌中，于 2018 年 6 月 6 日闪崩向下破箱，并于 6 月 8 日周五后停牌。之后的两个月停牌期间利空不断，8 月 20 日复牌后连续跌停，直到 9 月 3 日才稳住股价找到箱体，期间画出了一条陡峭的空头寻箱线。

如果反省我们自身那种不安定的、有时看多有时看空的内心，再看看周围和我们差不多的人们，我们可以说，参与到一只股票之中的每一个人都在寻箱：多方向上寻箱，空方向下寻箱。双方的分歧造成了斗争，双方寻箱的力量势均力敌时，箱体就产生了；一方力量占绝对优势时，就引发了股价朝着单方向的运动。这种运动首先突破原来的箱体（如果不是新股的话），然后就开始了寻找新箱体的寻箱之旅。

也就是说，当多空双方的力量极不平衡时，股价必定冲出所在的箱体，向上或向下寻箱。

当股价向上突破或向下跌破箱体时，如果不能立即进入另外一个箱体之中的话，股价便沿着这条寻箱线去寻找安身立命的箱体，以便在其中得到喘息。

股价的运动轨迹就是所谓的"寻箱线"——一条向上或向下的趋势线，新股上市后的连续涨停路线，就是典型的多头寻箱线；某些遇到重大利空股票的连续跌停路线，则是典型的空头寻箱线。寻箱线有长有短。

观察过去大牛股的整个上升趋势就可以发现，在上升趋势的初期，新箱体和旧箱体还是挨在一起的，它们的关系大多是相交的关系，间或有少量相邻的关系，箱体与箱体之间的寻箱线长度为 0，即没有明显的寻箱线。在上升趋势的中期，新旧箱体间的距离拉大了，两者的关系往往以相邻为主，间或有相隔的关系，但往往只经过一两根 K 线的寻箱，就找到了新的箱体。整个的走向模式，见图 2-1-5。

最后，在上升趋势的爆发期，主升浪来临了。股价在突破箱体之后，往往拉出长长的寻箱线，箱体间的关系是相隔，即前后两个箱体之间如果不是相交或相邻的话，那么在它们之间，一定有一条寻箱线连接着双方。

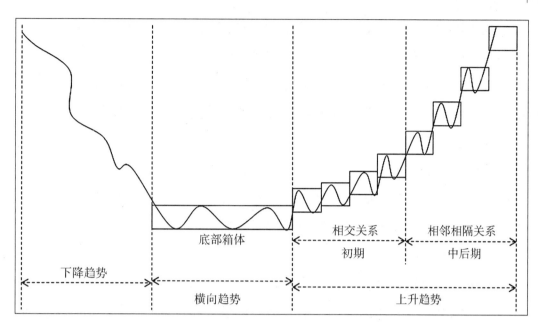

图 2－1－5　上升趋势箱体发展模式图

在小周期走势图中，例如在分时图里面，我们也经常能看到寻箱线，典型的情况，就是那些当日拉涨停的股票。如图 2－1－6 国新能源（600617）2018 年 9 月 28 日的分时图，可以看到股价向上一个台阶接一个台阶的小箱体堆积，箱体之间常常有一条很短的多头寻箱线。

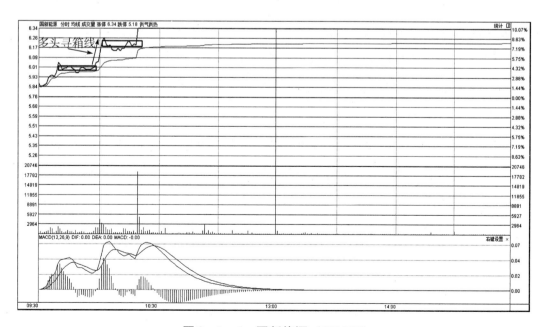

图 2－1－6　国新能源（600617）

我们炒股时最喜欢看到的，就是手中的股票处在向上的寻箱过程之中。我们期待向上寻箱的发生，我们会为正在进行的多头寻箱加油。

当我们看到手里的股票死死地封在涨停板上时，稍有胆量的人都不会抛掉手里的股票。这是因为，大家都在涨停之中看到了寻箱的苗头。

涨停有什么含义？

涨停就是股价的向上寻箱运动被"涨跌停制度"限制住了，就像是用链子拉住了一条向前狂奔的狗一样。涨停时的多头力量，就像一只急切向前蹿的狗，它的寻箱冲动被涨停制度这条链子拉住了。

在涨停的情况下，人们认为第二天开盘时，当拉着它的链子松开之后，多头被压抑的寻箱冲动将被释放出来，寻箱仍大有可能像疯狗一样继续，这就是涨停能够减少抛压的原因，也是新股能够连续涨停的原因，也是高手们喜欢操作涨停板的原因：涨停意味着寻箱将继续。

涨停和跌停，是制度对价格寻箱的人为压抑。

涨跌停制度起源于国外早期证券市场，引入到股票市场的初衷，就是要用铁一样的制度，人为地阻断疯狂寻箱的冲动，抑制暴涨暴跌的过度投机现象。

股票涨停，表达了多头突破压力并向上寻箱的强烈冲动，跌停则表达了空头跌破支撑向下寻箱的强烈冲动。无论是涨停或跌停，就像被压制住的欲望一样，一旦在次日解除了对它的压制，继续向上或向下寻箱的概率是非常大的，因为继续向上或向下寻箱的冲动，已经在昨天的涨停板或跌停板上明确无误地表达出来了。

图2-1-7中，宝德股份（300023）经过两年多的阴跌后构筑底部箱体，向下破箱后于2018年9月11日涨停回箱，并于次日在箱体内一字涨停撞箱顶，表达出了强烈的向上破箱和再寻箱的欲望。接着，该股展开了向上的连续涨停寻箱之旅。

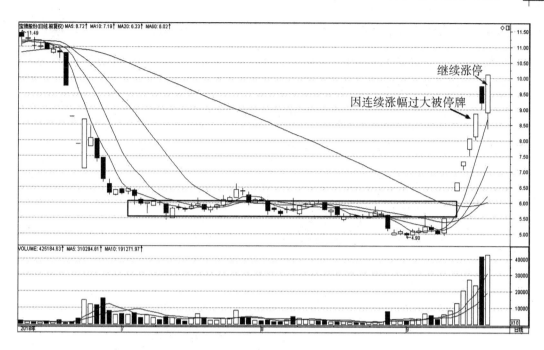

图 2 - 1 - 7   宝德股份（300023）

观察箱体时，我们是在寻找股价向上突破箱体、开始新的寻箱之旅的线索，箱体内的涨停，就是重要的线索。

在《金品战法之箱体大突破》（四川人民出版社 2017 年版）中，我就强调过，如果看到箱体中发生了撞顶涨停、间隔涨停的话，应小心，箱体可能被突破，向上寻箱可能快发生了。

依据箱体理论操作股票时，任何买入操作，都是买在向上寻箱线开始的地方，也就是买在起爆点的位置，买在股价突破箱体上沿的位置，此时我们认为：既然压力被突破了，股价的寻箱之旅大概率就要开始了。

这种操作更深层的原理在于趋势。

由于我们重点操作上升趋势中的箱体，面对上升趋势中的股票，我们当前关注的每个箱体，都是上升惯性中最上面的一个箱体。股价向上破箱的运动，表明了趋势并未改变，也未终结，它向上延续的动力仍然强大。因此，在突破上沿之后买入，表明我们脑子里面装着趋势，我们操作的是趋势，我们是顺势操作。

显然，当股价处于当前箱体的底部时，上升趋势延续的可能性，远远没有股价突破箱体上沿时的可能性大，因为股价向上破箱，本身就已经明白无误地表明，多头仍然怀着向上突破延续趋势的强烈愿望，这才是我们永远要在箱体上沿被突破时买入的根本原理。

同样，卖出操作是在向下寻箱线的开始部分，即股价跌破箱体下沿的时候，理由刚好与上述的买入理由相反。见图2－1－8。

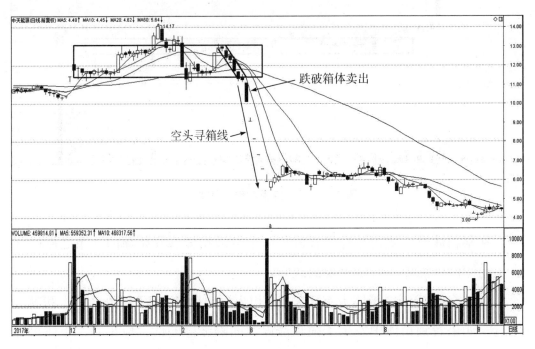

图2－1－8　中天能源（600856）

任何大行情的拉升阶段，都是以寻箱过程为主的，连续急拉的过程，就是寻箱过程，也是擒龙捉妖的机会。

寻箱，就是股价向上或向下去寻找箱体，去寻找能够起作用的压力和支撑带。

股票的价格运动，除了箱体就是寻箱线，没有别的东西。

因此，我们之前熟知的各种形态，要么归于箱体或箱体的一部分，要么归于寻箱线。

二、股价在箱体内的运动

股价在箱体里面的运动，是多空双方的博弈处于紧平衡状态的过程。

怎样是紧平衡？就是力量差不多的双方贴身肉搏战。

在箱体的内部，多空力量基本相等，双方的剩余力量都不太多了，平衡在危险的地段徘徊，焦虑、希望和阴谋交织在一起，持股者期望着平衡被多头打破，股价向上寻箱以获得利润；观望的人们则希望箱体被跌破，空头向下寻箱，以便得到便宜的进场点。

股价在箱体里面上蹿下跳的过程中，发生了造箱、破箱和回箱的运动，这些运动过程对我们来说很有意义，因为它用时间和空间验证了压力和支撑带，用假顶假底提示了多空的未来方向，用破箱和回箱证明了某一方的力量还未屈服。

（一）破箱与回箱

"破箱"与"回箱"，是我们在《金品战法之箱体大突破》中已经讨论过的概念，鉴于其对我们的操盘行为影响非常大，我们可以在这里再次回顾一下。股价向上突破或向下跌破箱体的上沿或下沿，称为"破箱"；破箱之后，股价未能寻找并进入到新的箱体中，又返身回到了原来的箱体里面，称为"回箱"。见图2-1-9。

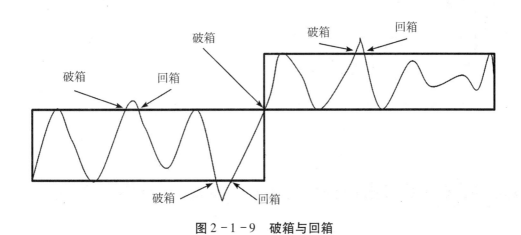

图2-1-9 破箱与回箱

图2-1-10、图2-1-11，是股票实际走势中的破箱与回箱。

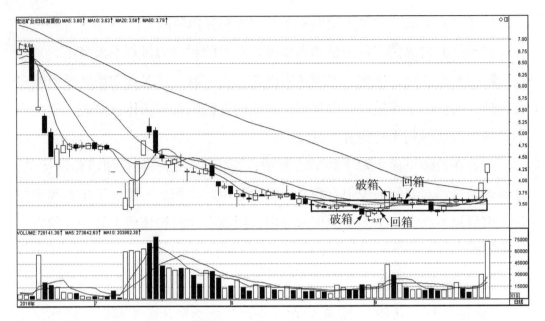

图 2-1-10　破箱与回箱

图 2-1-11　破箱与回箱

您或许已经看出来了：没有破箱就没有回箱，没有破箱也就没有寻箱。

破箱表示的是，股价突破了箱体的上沿或跌破了箱体的下沿，这种突破或跌破，其实是暂时否定或克服了箱体上沿的压力或下沿的支撑，当然必定要遭遇压力或支撑的反制。如果股价破箱后又回到箱体里面，那就说明破箱的努力失败了，压力和支撑对这种"离经叛道"的反制成功了，股价又老老实实地回到了原箱体的"笼子"里面。

因此，破箱分为向上破箱和向下破箱。

向上破箱，就是价格冲过了箱体上沿的压力带，此时价格可能面临越来越重的压力，以至于又跌回到箱体的内部；另一种可能则是，股价喜遇突然的压力减轻，因为上方最重的压力区域，已经被破箱能量消化掉了。

图 2-1-12 飞力达（300240）的走势就是典型的向上破箱失败。

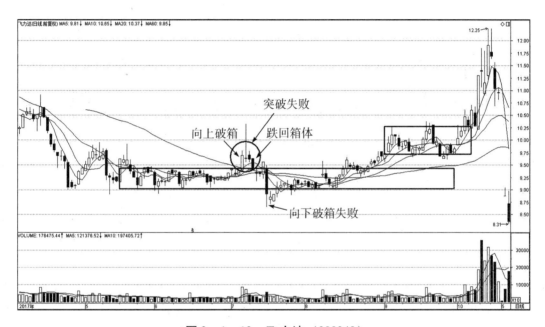

图 2-1-12　飞力达（300240）

图 2-1-13 汤臣倍健（300146）的走势就是典型的向上破箱成功，也就是我们所说的"箱体突破"。

向下破箱也是同样的道理，价格跌破了箱体下沿所代表的支撑线，可能面临巨大的买力支撑而不得不回箱，并宣告向下破箱的失败；当然，也可能面临多方投降导致的支撑骤减，此时空头则可一路向下。见图 2-1-14、图 2-1-15。

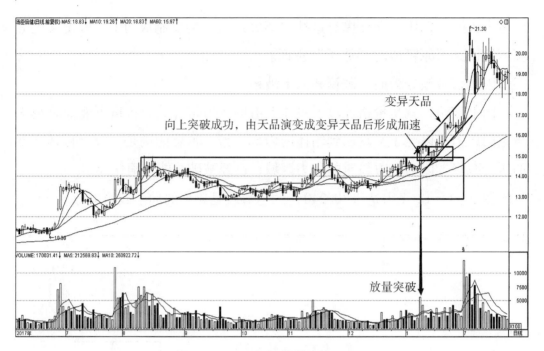

图 2 - 1 - 13　汤臣倍健（300146）

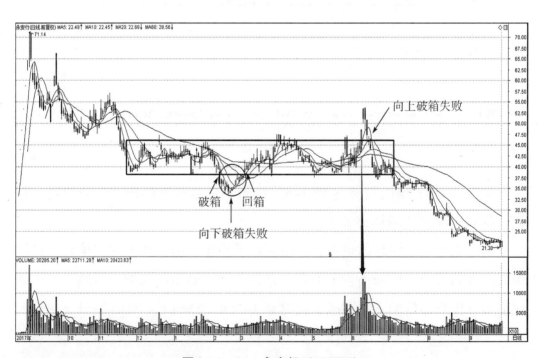

图 2 - 1 - 14　永安行（603776）

图 2 - 1 - 15 海川智能（300720）

因此，破箱而不回箱是突破成功的标志，破箱之后又回箱，则是突破失败的标志。

箱体理论的关键要点在于，无论是买进还是卖出的交易行为，一定要发生在破箱和回箱的时候。我们时刻关注的走势是破箱和回箱的时刻，向上突破去寻找下一个股价更高的箱体时，我们就会买进。

举例来说，假设一只股票股价处在 45—50 元的一个箱体里，那么只要股价没有突破这个箱体，无论它反复几次，都应该盯着，并且都会考虑在向上破箱的时候买进。如果它跌到 44.5 元，就视为已经向下破箱了，应该卖出，以免股价跌破本箱体进入一个更低的箱体。为什么这样呢？因为一旦跌破本箱体的下沿 45 元，就意味着股价正在向下寻找一个更低的箱体。我们需要的是股价不断进入更高箱体的股票，而不是不断进入更低箱体的股票。见图 2 - 1 - 16。

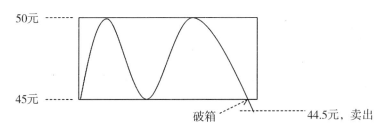

图 2 - 1 - 16 向下破箱后卖出

股价向上破箱时买入，这是箱体理论的经典观念，当达瓦斯发明箱体理论的时候，这个观念就形成了。

但是这里出现了一个问题——回箱。

如果向上破箱之后发生回箱怎么办？经典箱体理论的办法，是设一个止损点，例如箱体的下沿，这样一来，人们可以用一些能够忍受的损失代替被套住。

箱体理论确实让我赚到了钱。然而，在2012年之前，我赚到的钱里面，经常会因止损而亏回去一小部分。

买进之后设置止损，这是应用箱体理论时，绝对必要和必须的，这一点已经被无数成功的交易员证明过了。

我那时整天想的是，怎样才能提高破箱买入的成功率，进而尽量避免回箱止损。

最后我总结出了箱体的"相交"概念、"假顶假底"理论、"斜箱"理论以及"金品箱体"的理论，并用这些理论来处理问题（后面讨论）。

破箱止损的理论非常被职业炒家所重视，以至于当一个箱体被跌破时，往往会引发市场上众多参与者广泛而连续的止损，致使破箱之后的股价继续狂跌一段时间。

在期货市场上，这种"止损助跌"和"止损助涨"的现象更为普遍。

市场中的主力，无论是股票市场上的主力，还是期货市场上的主力，他们都很重视许多人在破箱时止损的行为，因此在他们的洗盘手法之中，往往在拉升之前，故意猛烈地跌破一下当前箱体的下沿，以便把很多设了止损的不坚定者洗出去，这种情况在期货的走势中更为普遍，因为那是双向操作的T+0市场。

如果股价在箱体里老老实实地运行而不发生破箱，这时我们怎么办呢？

箱体理论的建议：观察，不操作。

假如此时你是空仓，应该持续观察目标股票，但不要买入；假如你是持仓者，那就持股不动。

箱体理论的这种看法是很中肯的，因为，毕竟这种理念是成千上万的操盘者们，通过大量的实盘资金验证过的。

很多人觉得，既然股价在箱体内上下波动，那么我在箱体上沿时卖出，在下沿时买入，不就可以赚到波动中的差价了吗？

我一直建议他人不要这样做，因为我在这上面吃过不少亏。

当股价运行到箱体上沿，我卖出股票后，有一半的时候股价并不往下跌，而是向上破箱了，然后一路向上，这就造成了我的踏空；我在箱体下沿买进后又经常遭遇股价的向下破箱，这比踏空可怕多了，我被套住了，不得不止损出局。

股价在箱体上沿徘徊时，很大概率会向上破箱，尤其出现了"上品"走势之后。股价在箱体下沿晃荡的时候，同样很可能向下破箱。

股价在箱体内运动时不要进行操作的深层理由，其实已经在上面的寻箱部分讲过了，那就是我们追求的是趋势操作。

如果当股价在箱体内部运动时进行操作，本质上就是放弃了趋势操作，因为你此时已经假定股价不会发生向上或向下的破箱，也就是说，你假定了不会发生上升或下降趋势，没有从趋势的角度去理解箱体。

那么，当股价处于箱体中的时候，我们就不能参与了吗？

并不完全是这样的。我们在后面将讨论"假顶假底"中的"假底"出现时买进和在"假顶"出现时卖出。

如果破箱与回箱在短时间内接连发生了怎么办呢？

这时恐怕就会遭受一些小损失了，因为如果破箱时做出了交易动作，则在继之而来的回箱阶段必须做相反的交易动作，以宣布前一动作的失败。

假如你在向上破箱时买进了，则在紧接着发生了回箱时，就要卖出。这一止损原则，在箱体理论诞生的时候，就是该理论不可分割的组成部分。

假设我们看中一只股票，当前处于35—40元的箱体里面，我们将在股价向上破箱之后买入，回箱之后止损。见图2-1-17。

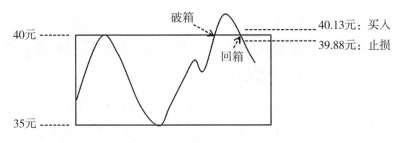

图 2 - 1 - 17　破箱买入，回箱止损

通过观察股票的走势，同时运用箱体理论的买入和止损原则，我们就会知道，一旦这只股票突破了 40 元的价格，就会产生上涨的趋势。如果股价处于一年以上的历史高位时，上涨的趋势更是不可限量。因此，我们应当在这一价位购入。

于是，我们可以利用交易软件的功能，在 40.13 元（破箱后稍高一点的位置）的价格上设置到价提醒，股价一旦运动到了这个地方，软件就会提醒我们。

经验告诉我们，一只股票如果已经突破了箱体的上沿，并且进入了一个新的更高的箱体后，它就不太可能重新回归到原先的突破点位，因为原先的压力位，现在已经变成支撑位了。

这样，在设置了 40.13 元的到价提醒的同时，我们应当在 39.88 元的点位上再设置一个止损价位，这样做的目的在于，如果那个新的更高的箱体没能建立起来，那么 39.88 元的这个回箱价位，就会充当一张安全网，因为箱体理论认为，股价回箱预示着该股票将会下跌，因此我们应当选择止损卖出。

目前我们已经初步讲述了这样的原则，即当股价向上破箱之后买进，破箱之后如果有回箱，就进行止损卖出。

以上这种买进和止损原则，其实是相当原始的。达瓦斯当年在发明这种原则之后，其实吃了不少苦头，为什么呢？

因为这种从达瓦斯那里开始的经典操作方法，用它操作向上破箱的"相邻"和"相隔"的箱体时，那是没有问题的。但是，如果用这套办法来操作"相交"关系的箱体时，将会遇到频繁止损的问题，从而造成亏损。

这种情况，其实给箱体的发明者达瓦斯先生造成了不少的亏损。然而，达瓦斯当年却并没有解决这个问题。

解决这个问题的办法，我们将在后面关于"假顶"和"假底"以及"斜箱"的部分讲到。

好了，破箱与回箱的重大意义，已经在上面演示清楚了。

然而可惜的是，目前散户们使用的交易软件，却没有"到价自动买入"和"到价自动卖出"的功能。这样一来，虽然我们知道在什么样的价位买入和卖出，却仍然需要盯盘和手动操作。

（二）造箱与验证

造箱，就是"制造箱体"的意思。任何造箱都起始于寻箱。在寻箱的过程中，因为遇到了压力或支撑，从而形成了转折点。造箱的过程，实际上是造成转折点的过程。当一个箱体在形成之后，才被人们发现它是一个箱体。人们借助支撑点和压力点来发现箱体，支撑和压力由价格发生转折的顶点和底点代表，所以，价格转折点是箱体的基本特征。见图 2-1-18。

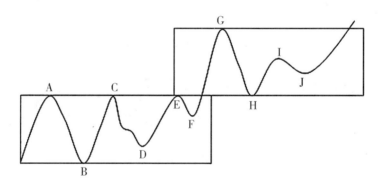

图 2-1-18　转折点形成的箱体

造箱的特点，就是制造相对等高或等低的价格转折点。没有价格转折点的股价运动是寻箱运动。

在箱体未被识别的最初阶段，股价的运动是寻箱运动，人们并不知道当下的股价将会在接下来的一段时间里，形成一个可被称为箱体的东西，否则，人们就会利用箱体赚钱了。直到人们看到了第一个价格转折点后，才能确认造箱已经开始了。

在多空双方的博弈中，价格最终走成了一个有压力和支撑的、由多个价格转折点形成的、相对稳定的箱体。这个过程，就好像无知的蜜蜂在建造蜂房一样，市场中相对无知的所有参与者的买卖活动，最终看起来像是一次制造箱体的集体活动，这就是"造箱"。

股价时时发生着波动，转折点无处不在。

如何确认一组波动发生时的波动范围即箱体的上下沿呢？

箱体的上沿和下沿需要进行验证，以确保其压力和支撑的有效性。验证箱体上下沿的方法有两种，时间验证和验证点验证。

时间验证：只有经过一段时间的考验而不被突破的压力线，才是真正的压力线，同理，只有经过一段时间的考验而不被跌破的支撑线，才是真正的支撑线。

图 2-1-19 中，以 A 点画出的箱体上沿经三天以上未被突破，以 B 点画出的箱体下沿也经过三天以上未被跌破，这说明箱体的上沿和下沿都经过了时间的考验，获得了时间验证。

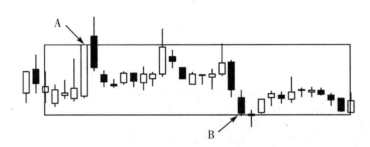

图 2-1-19　经时间验证的 A 点和 B 点

验证点验证，曾经在《金品战法之箱体大突破》中讨论过。在这里，我们讨论关于验证点的更多细节，以帮助读者更精确地确认箱体的顶和底。

原始的"验证点"是这样定义的：当股价运动到新的箱体之中时，其第二次或第二次之后再次碰到箱顶或箱底的点，都是验证点。也就是说，第二次，第三次或之后更多次碰到箱顶或箱底的点，都属于验证点。

验证点是用来验证一个箱体上沿压力和下沿支撑的可靠度的。

可以这样理解：当股价第二次受到箱顶的压制或箱底的支撑时，其实就是确认了（验证了）箱顶或箱底的有效性。见图2－1－20。

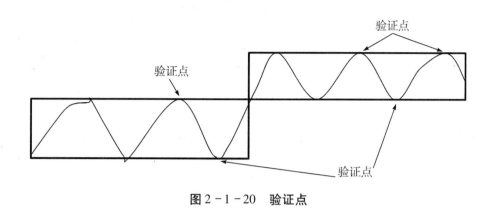

图2－1－20　验证点

验证点是对价格转折处压力和支撑的二次或多次验证。

验证点的出现，表明压力线或支撑线是足够结实有效的，从而需要更长时间和更多成交量去消化它。

验证点不需要是等高的。

……

例如，一个箱体，它的箱顶是50元，如果接下来有很多验证点都是49元或48元，每一个转折点都没有突破50元这个箱顶，那么，50元这个箱顶同样被验证了，因为没有一个顶点真正突破50元，那些49元、48元的点，也属于验证点。见图2－1－21。

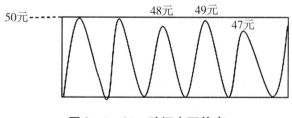

图2－1－21　验证点不等高

箱顶与箱底画得是否准确，直接关系到箱体突破时的买卖点。

箱体其实是由众多验证点验证的，箱顶和箱底，是由最多的验证点支持的压力和支撑。因此，我们现在所用的箱体，与达瓦斯定义的原始箱体有所不同。众多的验证点，会修正我们起初按照达瓦斯的原则所画的箱体，使它的箱顶和箱底发生变化。

以上升趋势中的一个新箱体为例，验证点修正指的就是，当我们以第一个点确立了箱顶之后，假如跟随而来的大部分验证点，都比之前的箱顶低，那原始的箱顶就要被修正到比较低的位置了。见图2-1-22。

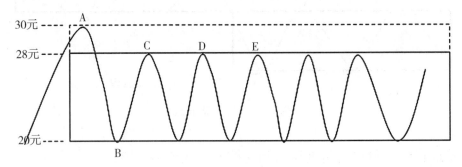

图2-1-22　验证点修正

图2-1-22中，向上的寻箱遇到了第一个压力A点，价格为30元；接着，股价又在B点得到支撑，价格为20元。这样，我们就画出了20—30元的最原始的箱体（图中虚线部分），这就是达瓦斯定义的箱体画法，我们称达瓦斯的这种箱体为"原始箱"。

然而在后来的走势之中，出现的C点、D点、E点等众多验证点，它们大多支持28元左右的压力带，因此，我们把原始箱的30元箱顶修正到28元，这样就形成了20—28元的箱体，这个箱体就是我们推荐使用的箱体，或称"现代式箱体"。

箱顶的修正意义重大，它关系到我们如何确认箱顶和箱底的突破。

以图2-1-22为例，当我们使用一个经过修正的、更低的28元箱顶时，此时所确认的股价突破点就在28元，而不是之前更高箱顶的30元。如果我们仍然使用达瓦斯定义的"原始箱"的话，则当股价突破28元时，我们并不认为股价已经突破箱顶了，这样就容易错失股价向上突破的良机。

以上所讨论的，是箱顶的验证点修正。箱底的验证点修正，依据的是同样的原理。

当我们发现股价盘整的时间比较长时，采用以上画箱体的办法，等于完全否定了达瓦斯的画箱原则，也就是不采用原始箱，忽略原始箱的第一个高点，切掉第一个高点的头部，用之后的那些 K 线来验证原始箱的箱顶。我们更相信在第一个震荡之后的那些箱顶，而不相信第一个箱顶。也就是说，我们倾向于把原始箱的第一高点"斩首"。

这种被"斩首"的箱体，在实盘中出现的机会更多，其原因大概在于，向上冲锋的多头，由于用力过猛，第一次往往冲过了空头的阵地；接着，多头被空头反击了回去，然后开始构筑多头的箱底阵地，正式与空头展开箱体内的争夺战，战斗的区域则介于被修正过的箱体之内。

箱体的画法，尤其是长箱体的画法，实际上是画在了多空双方争夺最激烈的成交密集区里面。在图 2 - 1 - 22 中，很显然地可以看出，成交的密集区域，就是 20—28 元的区域，而不是 20—30 元的区域。

验证点的使用，表明了箱顶和箱底的"多点验证原则"：那些得到最多验证点支持的顶或者底，才是箱体真正的顶和底。

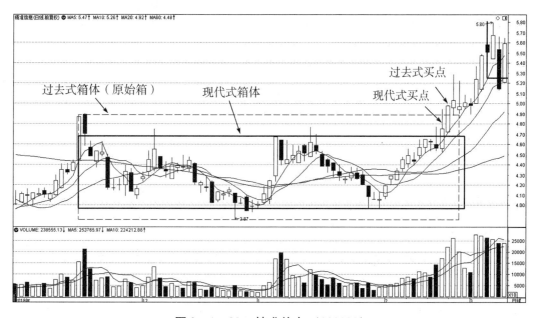

图 2 - 1 - 23　精准信息（300099）

图 2 - 1 - 23 是精准信息（300099）在 2018 年末的走势，图中的虚线箱体是原始箱，实线箱体是通过多点验证的实用箱体，或称现代式箱体。可以看到，使用现代式箱体后，买点变了。图中可明显看到买点的"过去式"和"现代式"的对比。

图 2-1-24 是普邦股份（002663）在 2018 年末的走势，图中的虚线箱体是原始箱，实线箱体是通过多点验证的现代式箱体。可以看到，使用现代式箱体后，买点提前了，价格也降低了，可以更早地抓住机会。这就是"过去式"和"现代式"的不同之处。

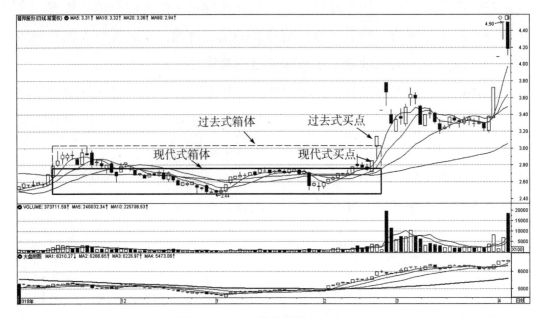

图 2-1-24　普邦股份（002663）

多点验证原则的本质，其实是"价格密集重叠区间验证原则"。当价格的运动只产生了很少的最高点和最低点，大多时候运动在某个相对固定的最高点和最低点之间时，那么，这个相对固定的价格运动区间，就是真正的箱顶和箱底的区域。

其实，当观察某一天的分时图时，我们也能够看出其中的成交密集区域，这表明一根日 K 线之中也是有箱体的。然而，我们的箱体往往画在日 K 线图上，而单根日 K 线，其透露出来的信息实在是太少了，只有开盘、收盘、最高、最低四个价格点，无法反映出哪些区域是成交的密集区域，或许根本无法凭借这一根 K 线看出价格在内部的运动区间是什么形态。

当我们宏观地观察日 K 线图的时候，实际上是直观地看到价格最密集的区间，并把它作为箱体的内部，把比较稀疏的交集区间看成是箱体的外部。

哪怕是只有两根 K 线，也可以看出价格最密集的交集区间，也就是两根

K线重叠的区间，这就是我们在画小箱体时，往往把上下影线忽略掉的原因。见图2-1-25。

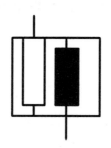

图2-1-25 **两根K线的箱体**

图2-1-25中，第一根K线的最低价和第二根K线的最高价，它们都属于验证点，因为它们都位于两根K线重叠的成交区内。

其实，破箱和回箱的概念，就是来源于多点验证原则。破箱和回箱的转折点，也属于验证点，它验证了箱顶和箱底的有效性。见图2-1-26。

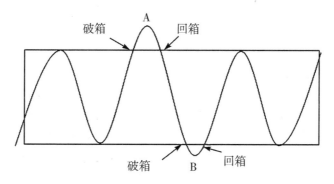

图2-1-26 **破箱与回箱的验证点**

图2-1-26中，A点和B点，虽然处于箱体的外部，但同样属于验证点，因为它们验证了箱顶和箱底的有效性。

关于箱体的验证点，我们还有很多的内容可以讨论，例如验证点使箱顶和箱底向外扩展和向内收敛，箱顶和箱底的单向修正等，这些细腻的内容，我们将在后面讨论金品箱体以及假顶和假底等的时候再加以细述。

第二节　箱体的家族成员

　　珠海中富（000659），这只股票并不是我赢利最多的股票，却是我做得最舒服的股票之一，主要原因就在于我分析它时感觉不费力气。对这只股票的操作反映了一个问题，那就是要对箱体有精细的研究，否则在进行箱体分析的时候，就会经常感到迷茫。箱体理论中的细节很多，我几乎用上了所有这些细节知识来分析和操作珠海中富这只股票。

　　我的炒股资金通常分成 4 份，2018 年 11 月，操作珠海中富时投入了 1份。这只股票里的主力太给力了，K 线走势非常规矩，就像告诉我说：我要往上做啦，你可要跟好啊。

图 2-2-1　珠海中富（000659）

　　主力在突破之前，从 10 月 22 日到 11 月 2 日，总共花了 10 天的时间耐心地制作上品小箱体（本节后面讨论），就好像每天都在提醒我做好准备一样。其实之前我是不看好这只股票的，因为从空间上判断，在股票的左方

3.36—3.9 元附近的地方，有密集的筹码堆积。然而，主力那样耐心地做这样一个箱体和上品，这就使我想到了主力之前在左方的筹码堆积，实际上可能是主力自己被套了，否则主力不会在这样关键和明显的点位，长时间地做盘，并且给了所有那些被套的人解套的机会。在 11 月 5 日突破的当天，还给了大家很长时间的进场机会，当天我就进去了 1 份资金，第二天又补仓 1 份，然后按照我的原则沿着 5 日均线持股，最终获利离场。见图 2-2-1。

这次操作虽然获利不多，但却用上了所有箱体分析的技巧。很多时候，我们并不处于良好的市场环境，例如在熊市时操作主升浪的机会非常小。在这样的市场时间，利用箱体对股票走势进行细致分析就变得非常重要了。

下面我们就来研究一些最基本的箱体理论——箱体大家族中的成员，这些成员主要包括：盘整箱、原始箱、回调箱和反弹箱、斜箱、大小箱体和金品等，同时我们还将重点讨论箱体的时间验证。

一、盘整箱

盘整箱是最典型的箱体，它是带有至少一个验证点或有多根 K 线展示其成交密集区域的横向趋势箱体，是我们最常用的现代式箱体。

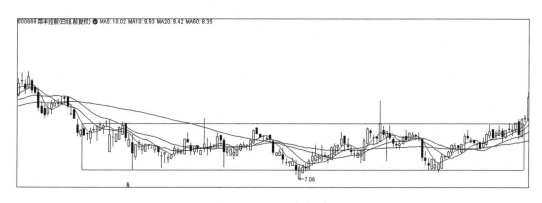

图 2-2-2　盘整箱

从图 2-2-2 中可以看出，盘整箱的上下沿，都得到不止一个转折点的支持，所以盘整箱的上下沿都至少有一个验证点（注意，第一个转折点不算是验证点），股价好像一条已经失去了进取心的龙，就在那里盘着，向上也不想破箱顶，向下也不想破箱底，像一个上班族宅在箱体里，这就是盘整箱。

我们画的盘整箱，大多是日K线周期的盘整箱，这种箱体往往是中大型箱体。比如说，股价走势的底部形态往往就是盘整箱，其特点是振幅大（一般不小于30%）、周期长，最终往往造成60日均线的走平或向上。想想看，60日均线走平说明了什么？说明了股价进行箱体运动的时间至少延续了60天左右。

我在《金品战法之箱体大突破》一书中，重点介绍了具有8个黑马基因的大箱体，这种箱体就是股票长期下跌之后，主力筑底时所形成的底部盘整箱。

其实，经过多点验证的箱体，或者有明显成交密集区域的箱体，都是盘整箱。所以，盘整箱并不仅仅限于底部大箱体，上升趋势中也经常出现盘整箱。

因此，盘整箱是我们观察K线走势时所用的主要箱体。

大型的底部盘整箱体，之所以长时间震荡，是有其原因的。如果你向箱体左方看，就会看到历史上被套盘的积怨太深，有很多人都被套在盘整箱的上方区域，而这些被套着的人怀着各种不爽的心情等着解套。所以，股价在箱体内震荡的过程，就是洗去或者说是磨灭这些积怨的过程，主力利用盘整箱消磨那些人的斗志，让这些人渐渐离场。底部盘整箱是一种典型的"向左参考"（详见第四章）的结果——股价上升时的运动总是受到其左方压力位的影响，所以需要盘整箱来消化这些压力。

画盘整箱的原则，就是我们在上节中讲到的多点验证原则，即在最多个的压力点支持的价位画箱体的上沿，在最多个支撑点支持的价位画箱体的下沿。

盘整箱的重要特点是箱体的上沿或下沿带有一个或多个价格转折所构成的"验证点"，验证点的本质是多空的反转，它的存在是对压力和支撑区间的验证。

盘整的箱体告诉我们，当前箱体中的压力位和支撑位在一个相当长的时期内有效。

我们知道，如果没有主力参与，股票价格走势会发生阴跌和收敛。这里的"收敛"，指的是振幅和上下波动都越来越小。然而股票价格走势的收敛并不一定意味着没有主力，因为当主力在箱体中洗盘完毕后，价格也会出现收敛走势，例如金品走势就是典型的收敛走势。

盘整箱代表了股价运动在横向趋势之中。

所谓的趋势，其实就是价格运动的惯性。

价格运动的惯性从何而来呢？它来自于人们的惯性思维。

横向趋势的本质，就是股价横向波动的惯性。这个惯性的特点就是要么不破箱，要么破箱了之后还要再回箱，绝不远离本箱而去更高或更低的地方寻找新的箱体。当散户们都习惯了这种惯性思维后，他们很多人就会认命地割肉了。

盘整分为躁动型和收敛型。

躁动型盘整的特点：股价在箱体内波动的时候，就像被关在笼子里的野兽，不断冲撞箱体的上沿或下沿或造成破箱，但又无法逃离箱体这个笼子的束缚，最后终于被迫回箱。

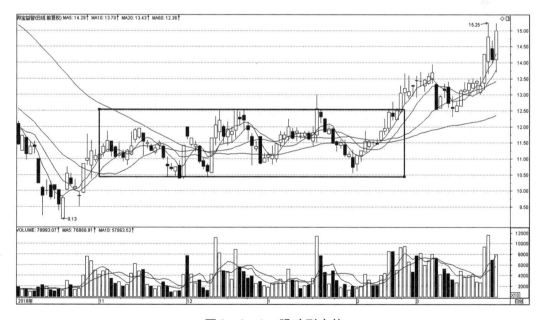

图2-2-3　躁动型走势

图2-2-3中，邦宝益智（603398）的股价在箱体中的走势就是躁动型

的，多次冲撞箱顶和箱底，但每次大多不能破箱，偶尔破箱也会马上回箱，股价在箱体里运动期间没有收敛。

收敛型盘整的特点：股价在箱体内波动的时候，就像放弃了希望的囚徒，波动幅度有越来越小的趋势，同时还伴随着量能的萎缩。见图2-2-4。

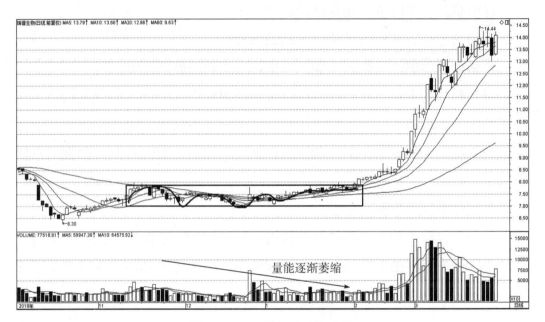

图2-2-4　收敛型盘整走势

收敛的趋势在周线上看得更加明显。在日K线上看，股价的运动基本不破箱，偶尔以蜻蜓点水的方式破箱后就会迅捷地回箱，图形上看起来，只是K线派出了它的上下影线到箱体的外面张望一下，K线的主体仍然躲在箱体之内不越雷池一步。这是流动性降低、交易萎缩的表现，意味着股价正处于选择方向的犹豫期，所以应该更加引起我们的关注，研判股价未来是选择向上还是向下破箱的可能性。

特别要留意的是，如果收敛型的盘整未导致股价向下阴跌，而是水平行走或稍稍上行时，就要注意啦！这很可能是主力在悄悄吃货，或在为突破制作金品。

二、原始箱

原始箱，就是根据最原始的箱体画法确立的箱体，它是根据箱体理论的创始者——达瓦斯先生的两部经典大作《我如何在股市赚了200万》（机械工业出版社2006年版）、《我在股市活了下来》（机械工业出版社2007年版）中的箱体理论所画的箱体。

原始箱的严格定义：以股价在寻箱过程中遇到的第一对经过时间验证的压力点和支撑点作为上下沿的参考所画出的箱体。见图2-2-5。

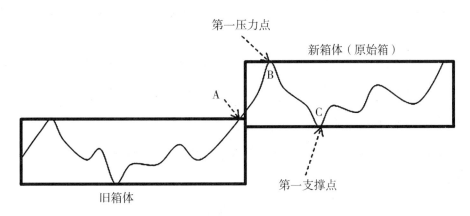

图2-2-5　原始箱

注意，上面原始箱定义中的关键词是"时间验证"，我们接下来就讨论它的意义。

图2-2-5中，假设有一个起于旧箱体A点破箱后向上的寻箱，价格在遇到的第一个压力点B处发生回调，又在之后的C点处得到了支撑而反弹，那么，如果经过一段时间后B点的价格没被突破，同时C点的价格也没有被跌破的话，那么B点和C点都经过了时间验证，以B点和C点为参考点画出上沿和下沿的箱体，就是原始箱。

我们为什么要在这里讨论原始箱呢？因为许多人还在使用原始箱，但是在我国的股市当中使用原始箱，有的时候已经不太切合实际了。但原始箱在确认趋势箱体的初期还是很有用的，并且在进行箱体研究的时候也特别有用。

我在《金品战法之箱体大突破》的第一章中就说过，我们现在使用的箱体，与达瓦斯当年创造的箱体不太一样，这主要指的就是与达瓦斯定义的原始箱不太一样。

在箱体的定义和画法方面，达瓦斯一直停留在原始箱，而未深入推进。达瓦斯当年所操作的重点股票，在其出手前的箱体阶段，许多都是盘整了很长时间的，然而达瓦斯并没有对最先的原始箱进行修正，以至于经常因止损而造成小额亏损。

另外，达瓦斯的原始箱——也就是他感兴趣的回调箱，其第一压力点 B 点和之后的第一支撑点 C 点，是以股票当日最高价或最低价为参考画出来的。

而我们的箱体要求的是：箱体的上沿不要画在最高 K 线上影线的顶部，而要画在成交密集区的顶部，那个没有众多验证点支持的最高 K 线的上影线，经常被我们画的箱体给"斩首"了。

同样的画线原则，也适用于画箱体的下沿，即最低 K 线的下影线也不包含在箱体里面。

有很多现实的原因，促使我们与达瓦斯采取不同的画箱原则。在讨论这些原因之前，我们还是重新细看一下，达瓦斯当年是怎么画箱体的吧。

达瓦斯在他的两部大作《我如何在股市赚了200万》《我在股市活了下来》中，多次提到他如何画回调箱的上沿和下沿，他特别强调日线的最高价和最低价，例如：

当一只股票在进行快速价格调整的时候，我就需要关注其逐日的波动情况了，有两个因素特别值得我加以考虑。一个因素是当日股票交易过程中的最高价，而另一个因素是当日交易中的最低价。

为严密起见，达瓦斯在《我在股市活了下来》第六章中，给出了假设中的某只股票三天来的价格数据：

最高价	最低价	收盘价	净变动额
41	37	40	
40.5	37	40.5	
40.5	36.5	40.25	

然后他解释道：

接着我发现也有一些股票后来交易日中的最高价还达不到或者无法超越前一天交易的最高价。……当我发现这只股票连续三天都没有达到前一天的顶峰（上面例子中是 41 美元的价位）的时候，就可以定位出这只股票所处箱体的顶部。这一顶峰代表了再没有买家出现的阻力位置，股票价格上涨如果想要再度启动就得打破这一新近建立起来的上限。

……要认清箱体的底部位置，我就需要关注若干天内股票价格波动最低值的所在。

……在上面所提到的例子中，新建立起来的箱体的底部价位是 36.5 美元，因此我将这只股票视为在以 36.5 美元和 41 美元为上下限的狭窄箱体里面运动……

达瓦斯还在其他地方强调过最高价和最低价：

几天后我就发现，光有这些信息（注：收盘价）还不足以让我确切地了解股价走势。如果不知道股票每天的价格上限和下限，我就不能画出股票的股价箱体。于是我打电话给纽约的经纪人，要求他在收盘价之外，再在电报上加上股价每日波动的详细信息，主要是股票每天的最高价和最低价。

举例来说，假设一只股票正在突破前一个箱体，并开始上涨，那么新箱体的上沿是它随后上涨期间达到的最高价，而且应该保证连续 3 天未能达到或突破这一价格。

从以上达瓦斯的叙述可知，他的箱体，其上沿和下沿是根据股票的最高价和最低价确立的。最高价和最低价，就是他确立原始箱上沿和下沿的参考点。

然而，他从来不对最初确立的原始箱进行"斩首修正"，确立之后就一直使用。

因此在实用性方面，原始箱显然不如修正后的盘整箱好使。后者考虑了更长时间内更多的变量，能够让我们更加精确地抓住真正的突破。

除了实用性原因之外，还有其他原因促使我们使用与达瓦斯不同的画箱原则。

例如，我国 A 股市场至少有五大制度设计与达瓦斯所处的美国股市不同。

第一，A 股是 T＋1 制度，美国是 T＋0 制度。

第二，A 股有涨跌停制度，美国股市没有。

第三，美国股市可以做空，A 股多数不能做空。

第四，美国股市可以进行保证金交易，A 股对保证金交易进行了诸多限制，散户很难进行。

第五，达瓦斯能够享受交易所自动止损的福利，A 股市场不行。

从以上的制度差异可见，A 股的制度设计，在很大程度上抑制了市场的交易量和流动性，这与美国股市的情况刚好相反。

对于箱体而言，A 股的制度设计延长了股价在箱体内波动的时间，使箱体变得更长，盘整箱更多。

T＋1 制度抑制每天的市场交易，当天买入的股票在当天不能卖出，从开盘到收盘，市场中可交易的筹码越来越少。

在 T＋1 的环境下，买入股票的人，在当天剩下的时间里，等于都被市场绑定而不能走了。那些不是当天买入的持股者可以卖出，之后他就只有一种动作机会：买入，然后又被"定身"了，同样被当日的市场绑定了。

达瓦斯没有经历过 T＋1 制度，如果他发现箱体的突破是假的时，当天就可以自动止损。下面是达瓦斯描述的某次其经纪人按照指令当天为他买入并止损的情况：

> 在 6 月 25 日，我的经纪人给我传来如下内容的电报：
> "按照 63 美元的执行价格到价购买了 500 股数据控制公司股票，按照 62.5 美元的止损价格卖出了 500 股数据控制公司股票。"
> 实际上，那一天的价格在回落前也曾达到过 63.75 美元的高位……

T+1制度防止当天止损出逃或获利了结，你的想法如果发生了变化，当天也出不来，这使得许多人买入操作变得谨慎（例如有人只在收盘之前买入），也使得当天早些时候买入而不能动的人，憋足了劲儿准备次日一开盘就卖出。

因此我们看到，在每天的早盘时间，成交是非常活跃的。之后，随着时间的推移，当天的买入者们都无法动弹，可交易筹码越来越少，成交呈逐渐缩小的趋势。

资金强大的主力可以有较多的作为，他们利用T+1制度，通过假突破等方式，诱骗那些追涨的人，把他们套在上影线上。

由于盘中积累了太多第二天才能兑现的卖单，使得次日早盘的交易严重失真，其日K线的上下影线经常发生于这段失真的时间里，因此难以代表真正的多空转换点。在交易时间段里，流动性随时间而减弱，致使箱体的震荡时间延长，这造就了更多的验证点的出现，它们可以更逼真地验证压力和支撑。

因此，上下影线的不确定性，使我们放弃了用最高价和最低价作为箱体顶底的原始箱画箱的传统方法。

与T+1制度类似，涨跌停制度同样起到了限制市场的作用。

在涨跌停制度下，如果出现突发的利空或利好，股价无法在当日表达出买卖双方新的力量平衡点，因为寻箱的冲动被涨跌停制度限制死了，人们只能在限定的范围内采取行动：明明你手里有资金，却因为涨停无法买入；明明你看空市场，却因为跌停无法卖出。

至于做空和保证金机制，我们就不必多说了，因为许多股民根本就对之毫无概念。

我们只在这里进行简单的总结即可：在无法做空的情况下，股价在下跌过程之中只能得到多头平仓的助推，无法得到空头平仓的阻滞，这将造成牛短熊长的态势，等于对箱体和寻箱进行了又一次扭曲。

至于没有保证金机制，等于人们不能普遍使用杠杆，极大地限制了流动性。

在自动交易方面，我国 A 股与美国也有几十年的差距。

在达瓦斯的时代，美国证券交易所就已经有自动止损卖单的服务了，这个服务能让你设定自己的止损条件，例如"股价跌破 35 美元后卖出止损"，之后你就不用操心了，股价一旦跌破 35 美元，系统就会自动为你止损。达瓦斯充分利用了这项服务，使自己逃离于风险之外。

另一方面，我个人猜测，达瓦斯之所以要用最高价和最低价来确定箱体的上下沿，最重要的原因是他看不到标准的 K 线图。

达瓦斯选股时所参考的图形资料都是印刷品，分别是纽约斯蒂芬斯所出版的《股票图形》、标准普尔的《股票指南》，以及《巴伦周刊》、《华尔街日报》等，从这些印刷品中所能看到的主图形态；基本上都是由所谓"美国线"绘制的（在通达信软件中，可通过键入"BAR"调用美国线，之后再通过键入"K"或"KR"返回 K 线），甚至是用简化的"美国线"绘制的，即每天的"美国线"只是一条介于最高价和最低价间的竖线，没有标准美国线的开盘价和收盘价。在这样的信息条件之下，达瓦斯在画 K 线的时候，怎么会考虑他从未见识过的 K 线实体呢？

三、时间验证

时间验证就是要通过一定的时间来确定图形的有效性。这是技术分析默认基础之一。

例如，假设你使用 MACD 指标操作股票，当金叉出现时，是不是应该马上买入呢？回答应该是，金叉是否成立，应该等待时间验证，也就是当前 K 线走完之后，如果金叉还没有消失，才算是真的、可参考的金叉。在当前 K 线走完之前，由于金叉由最终收盘价确认，所以金叉可能随时消失。具体它是不是会消失，要用时间来验证它。

假设你使用均线进行操作。当 5 日均线上穿 10 日均线的时候，你并不能马上确认已经发生了买入金叉，你要等待一段时间的验证，等到这个上穿不可能消失时，才能确认上穿成功了。

如果你使用技术分析的方法经常失败，最大的可能之一就是你太心急了，没有注意到技术指标都是需要进行时间验证的。

其实，时间验证在箱体理论里面的应用，的确是首创于伟大的达瓦斯先生的直觉。他对箱体的时间验证进行了相对严格的说明。

达瓦斯对确立箱体上下沿的方法十分重视，他发明的方法就是"时间验证法"，他说：

> 我的第一步是建立起一种没有疑问的方法来确定我的股价波动箱体的上下极限，以免对价格波动的幅度以及从一个箱体到另一个更高或者更低的箱体的变动方式发生错误的估计。

在图2-2-5中，如何确认新箱体的有效压力点 B，以便确立新箱体的上沿呢？达瓦斯是这样说的：

> 让我把规则解释得更清楚一些。举例来说，假设一只股票正在突破前一个箱体，并开始上涨，那么新箱体的上沿是它随后上涨期间达到的最高价，而且应该保证连续三天未能达到或突破这一价格。

在这里，达瓦斯认为，箱体的上沿由近期最高价决定，这个最高价还要经过三天时间的验证。

同样的意思，达瓦斯还说：

> 当股价连续三天未能触及或突破前期创下的新高点时，箱体上沿才能确立。反过来对于箱体的下沿也是如此。也就是说先是股价创出新高，之后连续三天未能触及或突破这一新高就算箱体上沿确立，只有上沿确立之后下沿才能确立，方法正好与上沿相反。

关于下沿的确立，达瓦斯说：

> 要认清箱体的底部位置，我就需要关注若干天内股票价格波动最低值的所在。在连续的三天内，如果我发现股价触及但却从来没有突破某一最低价格，那么这一价格就相当于箱体的底部。

达瓦斯关心的是上升趋势中的箱体，上升趋势是以向上寻箱为主线组织起来的，向上寻箱的过程所遇到的第一个造成转折的压力点就是造箱的开始，但这个压力点需要验证，验证的办法就是三天不被攻破。

由于是向上的寻箱，因此压力点必定是先于支撑点出现的，因为向上冲锋的多头，不可能在未遇到空头的阵地之前自行返身构筑箱体，正如达瓦斯说的那样：

只有上沿确立之后下沿才能确立。

在箱体确立上沿的同时确立下沿是不可能的，但在同一天甚至同一小时确立箱体的上下沿是有可能的。不过这种情况很少出现。

为什么达瓦斯说箱体"确立上沿的同时确立下沿是不可能的"呢？因为在上升趋势中，支撑点晚于压力点出现，哪怕它晚出现一小时，那么当压力点经过三天未破的确认之后，支撑点至少还差一小时才能满足三天不破箱的确认期。见图2-2-6。

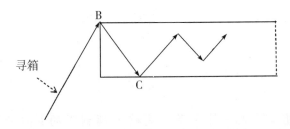

图2-2-6　上升趋势中，压力点B先于支撑点C出现

达瓦斯时间验证的理论很有说服力，毕竟，只有在一段时间内不被突破的压力线才可能是真的压力线，在一段时间内不被跌破的支撑线才可能是真的支撑线。

所以时至今日，时间验证的方法仍然不过时，并被广泛地使用着。

我们使用的验证点验证方法，正是在时间验证的基础上发展起来的。

从验证点的定义可以知道，验证点出现的时间比第一压力点或支撑点还要晚些，因此自然地符合达瓦斯关于时间验证的规定。

然而达瓦斯关于需要"三天"来验证压力和支撑的看法，只有在中线趋势操作中具有意义。

在超短线操作之中，例如在箱体突破当天的分时图中（或者在某些交易非常活跃的期货合约之中），就不可能死板地拘泥于三天的验证期了。

也就是说，当我们用时间验证时，验证的时间并不限定在三天，而是根据不同的周期，采取不同的验证时间。

例如，当我们查看 5 分钟的 K 线图时，时间验证所用的时间一般不超过 1 小时。

在换手更频繁的场合，例如在 T＋0 模式的期货市场上，日内交易都经常参考 1 分钟的 K 线图操作，此时，显然时间验证的周期就更短了，一般不超过 10 分钟。

四、下降趋势中的原始箱

原始箱同样会出现在下降趋势之中。

价格 A 点破箱后，以向下寻箱的过程所遇到的第一个支撑点和其之后的第一个压力点作为参考，所画出的箱体也是原始箱。只不过，此时的原始箱中先出现的是支撑点，后出现的才是压力点。见图 2－2－7。

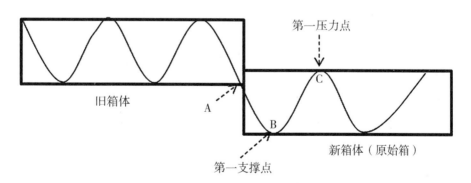

图 2－2－7　下降趋势中的原始箱

五、原始箱与盘整箱的比较

原始箱与盘整箱相比，至少有两个不同点。

第一，盘整箱以最多的压力点和支撑点为参考画箱体，原始箱以第一个压力点和支撑点画箱体。

第二，盘整箱必然带有验证点，原始箱无须带有验证点（虽然它可能带有验证点）。

由以上比较可知，原始箱显然比盘整箱简单粗略得多。

正如本章第一节关于验证点的部分讨论过的，为了更精确地判定箱体的突破点位，我们经常要用验证点修正的方式，对原始箱的第一高点进行"斩首"，所以，现在我们对于原始箱的使用已经比较少了。

画箱的原则是，如果股价的一段走势既可以画出原始箱，又可以画出盘整箱的话，那我们就画盘整箱，使用盘整箱。

然而，在实盘操作之中，原始箱还是具有一定意义的，其原因就在于，在上升或下降趋势之中，我们经常遇到存续时间比较短的小箱体，这种小箱体很少有验证点，在还没有充分地确立其多点验证的上下沿时，箱体就已经又被突破了。因此，原始箱在上升趋势和下降趋势之中还是会经常见到的。

不过，那些意义重大的箱体，例如股票在启动其主升浪之前的箱体，大多还是盘整箱。

六、回调箱和反弹箱

根据箱体是不是经过多点验证的方式，我们把箱体分为盘整箱和原始箱。

根据箱体是位于上升趋势之中，还是位于下降趋势之中来划分，我们又得到两种箱体，一种是出现在上升趋势中的"回调箱"，也称"洗盘箱"；另一种则是出现于下降趋势之中的"反弹箱"，在融券操作之中，"反弹箱"其实也是洗盘箱，只不过它是空头的洗盘箱而已。

下面，我们就来分别研究回调箱和反弹箱。

（一）回调箱

什么是回调？其实就是股价在上升趋势中的短暂下跌。

什么是回调箱？就是在上升趋势之中诞生的箱体。

达瓦斯在其大作《我如何在股市赚了200万》中所讲到的所有箱体，其实都是回调箱。这是因为，达瓦斯只操作上升趋势中的箱体，他是不建议做空的，也从来不做商品期货。

我国的股市刚好是以做多为主要赢利手段的市场，因此，回调箱就变得非常有用了。

回调箱的婴儿阶段是原始箱。这是因为，当向上的寻箱受到阻碍后，我们首先能够确认的，只能是不带验证点的原始箱；接着，在经过了一段时间之后，我们看到了所需的验证点，看到了密集的成交区域，此时原始箱才成长为盘整箱。见图2－2－8。

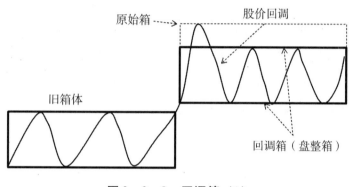

图2－2－8　回调箱（1）

所以，在对上升趋势的关注过程之中，我们往往以原始箱作为入手点。

当上升趋势来临，股价在向上寻箱的过程中，我们用寻箱所遇到的第一个使它调头向下的压力点为根据画箱体的上沿，然后用之后下跌不久所遇到的、阻止股价继续下跌并使它转折向上的支撑点为参考点，并画出箱体的下沿，这样画出的原始箱就是回调箱的婴儿阶段。见图2－2－9。

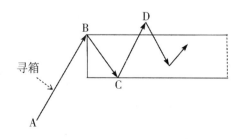

图2－2－9　回调箱（2）

如图 2-2-9 所示，回调箱的上沿是根据第一个压力点 B 画的。画出上沿之后，我们再以它后面的支撑点 C 为参考，画出箱体的下沿，回调箱就初步完成了。

回调箱长大了之后才可能带有验证点，婴儿阶段的回调箱无须验证点来验证。

当回调箱出现了验证点后，你应该马上把它修正成最实用的盘整箱。方法很简单，只要用最多压力点支持的价位重画箱顶，用最多支撑点支持的价位重画箱底，这样就可以了。

后面章节将要讲到，在上升趋势之中，当股价达到年内前期的密集成交区域时，往往会出现一个长长的盘整箱式的回调箱，用于消化左方对应的套牢筹码。在上升趋势的其他时候，回调箱一般就是单纯的原始箱，造箱的时间并不长，没有那么多的验证点来把一个原始箱变成盘整箱。

上升趋势中所形成的中继箱体都是回调箱。

（二）反弹箱

理解了回调箱之后，反弹箱就容易理解了。

在下跌趋势股价向下寻箱的过程中，以其遇到的第一个使其调头向上的支撑点和继之不久遇到的使其转折向下的压力点为参考画出的原始箱，就是反弹箱的婴儿阶段。见图 2-2-10。

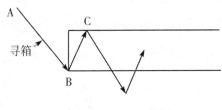

图 2-2-10　反弹箱

如图 2-2-10 所示，反弹箱起于第一个反弹点 B，以这个点为参考画箱体的下沿，再以它后面的压力点 C 为参考画出箱体的上沿。

所以在理论上，反弹箱刚好与回调箱相反，反弹箱的 B 点是支撑点，而C 点是压力点。

在其他方面，反弹箱也与回调箱类似。例如同样地，反弹箱也可能带有验证点，但反弹箱无须验证点来验证。

反弹箱是阻碍下跌趋势的箱体，它的所有属性和特征都与回调箱类似，只是要以向下的方向来理解而已。

在一个可以做空的场合之中（例如可以融券操作的股票或在期货市场中），你可以用类似的方式，同时运用回调箱和反弹箱去做多和做空。

在只能做多的股市之中，反弹箱的作用是不断地催促你抛弃幻想，赶快逃跑。

当反弹箱出现了验证点后，它就演变成盘整箱了。此时的盘整箱具有重要的意义，因为它可能发展成底部横向箱体。

七、斜箱

斜箱，就是"斜着的箱体"。有了斜箱的概念，就可以方便地利用它来研究上升或下降趋势中的压力和支撑。见图2－2－11。

斜箱画线的原则，与箱体的画线总原则是一样的。上升和下降趋势的上沿，是把趋势中的压力点连接起来而成的；其下沿也是把支撑点连接起来而成的。

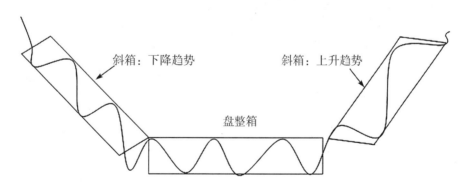

图2－2－11 斜箱和盘整箱所代表的三种趋势

通常人们不习惯称呼"斜箱"，而习惯于称呼"上升通道"或"下降通道"。

我们能够在股票的实际走势之中看到许多斜箱。见图2-2-12，图2-2-13。

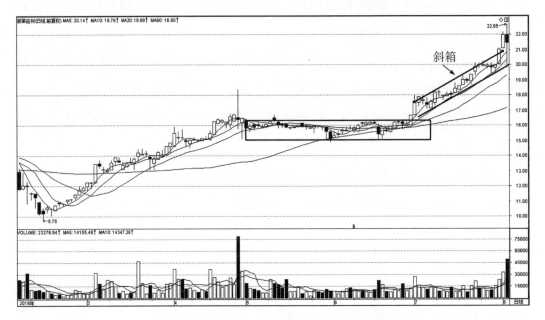

图2-2-12　新莱应材（300260）

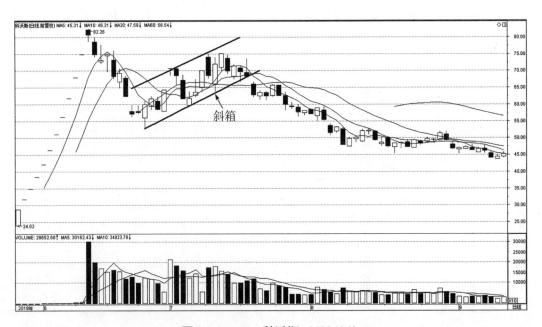

图2-2-13　科沃斯（603486）

我在本书中引入"斜箱"这个饱受争议的概念，是因为它的实用性毋庸置疑，既能让你从箱体的视角出发去研究压力和支撑，更能让你在"箱交箱"（即有相交关系的两个箱体）的趋势之中更好地把握止损。

其实，"通道"与"箱体"的概念可以互换理解，我们可以把箱体理论反过来，即把箱体说成是："股价运行在一个水平的通道之中。"

斜箱这个概念，是由许多人共同创造的，我把这个概念一本正经地归入到箱体理论之中，其实并不是出于在学术上完善箱体理论的目的，而更多地是出于在具体操作之中能够赚钱的实用目的。

今后读者会发现，斜箱在实际操作之中还是相当有用的。

既然有了斜箱的概念，那么之前我们讨论的由水平线和垂直线构成的矩形箱体，我们也可以称其为"正箱"。

也就是说，传统的箱体都是"正箱"。见图 2-2-14，图 2-2-15。

图 2-2-14　通光线缆（300265）

图 2-2-15　水星家纺（603365）

在本书中，未加说明地提到的箱体，通常指的是"正箱"。

斜箱的意义在于，首先，在《金品战法之箱体大突破》之中讲到的"变异金品"，其实都是斜箱。其次，斜箱揭示了在上升趋势之中，价格的压力点和支撑点是不断上移的，这种上移是有规律有惯性的；在下降趋势之中，价格的压力点和支撑点是不断下移的，这种不断的下移也是有规律有惯性的。

趋势就是惯性。惯性的特点就是一旦形成则不会轻易改变。

股价运动的惯性——趋势，是由众多参与者的习惯性思维导致的。我们都知道，人类的习惯性思维是最难改变的东西之一。

由于趋势惯性的不易改变，所以我们不要去试图进行反趋势的操作，所谓"顺势"，无非就是顺从某种在一定时期内不易发生变化的市场惯性而已。

八、大小箱体及金品

大箱体，就是在较长的时间和较大的空间范围之内发挥箱体作用的箱体；小箱体，包括同周期短时间的小空间箱体和小周期的箱体，所起到的作用与大箱体是类似的。

大箱体往往是趋势箱体，它分为底部盘整箱，上升或下降趋势的斜箱，以及头肩顶/底的特殊大箱体。

当然，在上升趋势或下降趋势之中，调整箱或反弹箱，也有可能是延续时间相当长的大型盘整箱。

大箱体里面都包含着一些小箱体，这些小箱体或者是调整箱，或者是反弹箱，或者是金品箱。

品是最小的箱体，它往往是箱中之箱，它与大箱体的关系，属于包含性的"箱中箱"关系。

大箱体与小箱体或者品，能够让我们从不同的视角去研判行情。

例如，从大箱体的宏观视角所看到的波动，分解到小箱体的视角，所看到的就是完整的行情了。

从功能上讲，大箱体与小箱体所起到的作用是类似的。

大箱体与小箱体的区别主要有三个，一是时间延续的长短不同，二是震荡幅度不同，三是所取的时间周期不同。

1. 股价经过熊市之后，一般要经历很长时间的盘整，这样就会产生盘整箱那样的大箱体，其长度往往长达3—6个月。上升趋势中诞生的回调箱，其比起盘整箱来就短得多了，比如一两周的时间。这就是大小箱体在时间延续长短方面的区别。

2. 关于大小箱体的振荡幅度，底部盘整箱的振荡幅度，往往达到箱底价格的30%或以上；回调箱的振幅经常不超过15%；最薄的箱体——"品"，其幅度经常不超过10%。

3. 关于时间周期，每天的日K线，可以把它分解为小周期。例如，把日K线分解为5分钟的小周期，我们就会在单日的日K线里面，看到很多5分钟K线的小箱体，这些小箱体也都起到了箱体的基本作用，例如调节多空双方分歧、洗掉浮筹、留下稳定筹码等。

以佳发教育（300559）2018年9月28日的走势为例，以日K线进行观察，我们只看到一根小阳线；而将此小阳线分解成5分钟K线时，我们在里面就看到了箱体。见图2-2-16，图2-2-17。

图 2-2-16　日线：小阳线

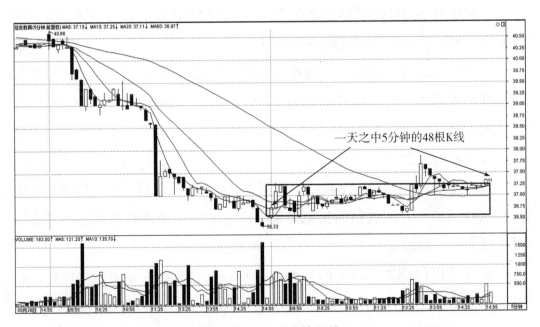

图 2-2-17　5 分钟 K 线

本书中，我们将更多地研究小箱体。

小　结

本章中我们更加细致地考察了箱体的细节以及股价在箱体内外的运动规律。

首先，股价在箱体的外面只有一种运动，那就是"寻箱"，即股价持续朝着一个方向运动直到受到压力或支撑并在一定范围来回波动开始造箱运动。

股价在箱体内部的运动是从造箱开始，造箱的本质就是价格反复波动形成箱体上下转折点的运动。当这种运动受到某种力量的推导而破坏了之前形成的箱体转折点时，就出现了向上或向下的破箱，此时，价格会挣脱箱体的羁绊而试图向上或向下寻箱。如果寻箱失败，股价又回到箱体内部时，就出现了回箱。在股市中，破箱和回箱都有着重要的操作指导意义：破箱往往意味着多空行情的启动，而回箱则意味着破箱行情的夭折，股价又恢复到造箱的运动中，并暗中酝酿着下一次向上或向下的破箱。

本章还细致介绍了各种各样的箱体：盘整箱、原始箱、回调箱和反弹箱，以及非常重要的用以判断上涨行情是否要发生的小箱体——"品"。

同第一章一样，本章的这些知识都是属于箱体的"内功"级知识，是许多大师级炒家的"不传之秘"，因此建议读者认真理解和把握，并把它们转化为自己搏击股市的利器。

金品战法之
箱体擒龙捉妖

红指妙奕

第三章　趋势的博弈与箱体

当我感兴趣的某只股票的股价波动箱体，像金字塔一样层层叠加，且当时股价正处在最上面的一个箱体里时，我开始关注这只股票。

——尼古拉斯·达瓦斯

第一节　箱体是沿着趋势诞生的

不怕读者笑话，让我感觉骄傲的最大资本之一，就是我能赚到上升趋势的钱，并且能在下降趋势中成功地逃跑。让我做成这件事情的主要原因之一，就是我特别清楚箱体是怎样诞生的。

在牛市和熊市中，箱体是沿着趋势诞生的，是沿着上升、下降或横向的趋势诞生的。

下面我们举例说明。

图 3 - 1 - 1 中，上峰水泥（000672）在 2019 年开始的两个月上升趋势中，箱体沿着上升趋势一个一个地诞生。

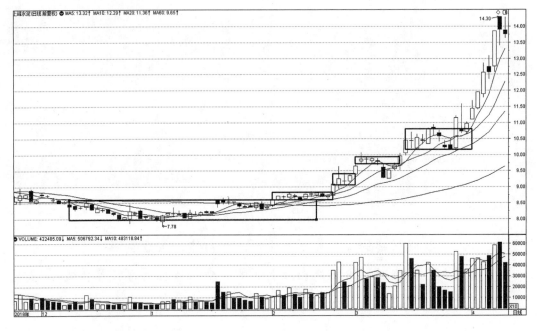

图 3-1-1　上峰水泥（000672）

图 3-1-2 中，智度股份（000676）在 2018 年 4 月至 2019 年 2 月的下跌趋势之中，箱体一个一个依次诞生。

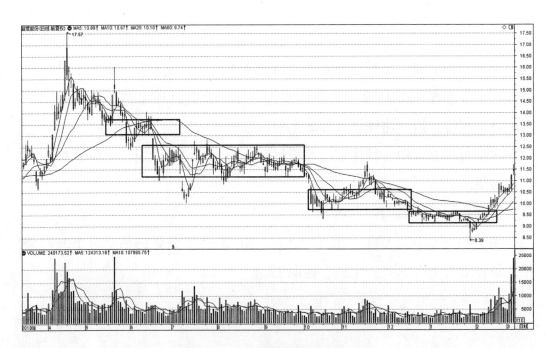

图 3-1-2　智度股份（000676）

盘后看图，盘中盯盘操作，这样的工作经年累月地积累下去，你就会认识到趋势的力量有多么强劲，如果对抗它，往往是死路一条。

股价的走势绝不是杂乱无章的。就像你我一样，那些长期参与到一只股票里的人们，每个人都对这只股票形成了思维定式。虽然每个人的思维并不能左右价格，但所有人思维惯性却形成了合力，这种合力束缚了股票的价格，使它不能像气球一样没有方向地乱飞，而是像用绳子牵引着一样，使股价总是处于一个明确的上涨或下跌的趋势之中，就像照着预先设计好的趋势图行走一样。虽然一个明确的趋势并不容易确立，但它一旦确立，就会持续下去，因为它反映了集体的惯性思维合力，这个合力已经确立了运动的大方向。在趋势的大方向上，箱体怎样诞生呢？其实箱体就是波动，股价总是沿着已经形成的趋势展开一系列波动，诞生一系列的箱体。

也就是说，箱体不是胡乱诞生的，它是沿着上升或下降的趋势方向，一个一个"堆积""叠加"着诞生的。

图3-1-3天顺风能（002531）的走势中，箱体沿着上升趋势一个个诞生。

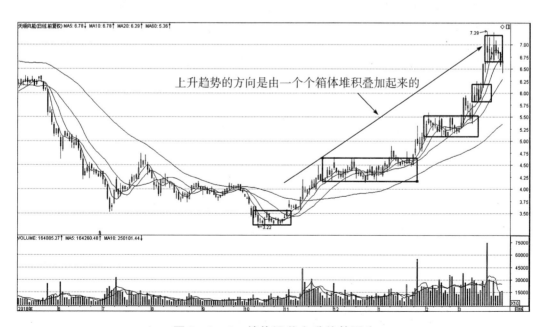

图3-1-3　箱体沿着上升趋势诞生

图3-1-4金材互联（002530）的走势中，箱体沿着下降趋势一个个诞生。

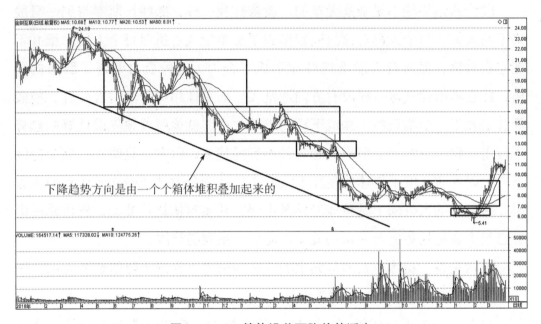

图3-1-4　箱体沿着下降趋势诞生

对箱体的诞生方式的认识，对我们买股、持股和卖股非常有用。

由想法不同的人们制造的价格波动，虽然看似无序，但它最终的结果，却好像是沿着设计好的趋势进行建造的一样。这就像那些小蜜蜂建造蜂房的活动，在它们的脑子里，事先并没有存着一张蜂巢的结构图纸，但是它们的集体劳动结果，却造就了一个似乎是按照精密图纸搭建的东西，一个由六角形稳固结构结合而成的完美建筑。

为什么箱体要沿着趋势诞生呢？

因为价格认同有分歧，根据分歧定律，分歧是不可避免的，波动是不可避免的，所以箱体也是不可避免的。从这个意义上讲，箱体是趋势的对手，是趋势的敌人，是阻碍趋势前进的力量。

箱体是趋势的伴生物。

主力如果想拉升股价做一波趋势的话，由于波动（箱体）的不可避免性，主力根本就没办法摆脱掉这个缠着上升趋势的"箱体恶魔"。

箱体就像缠在趋势这棵树上的藤子，死缠烂打地一直纠缠着趋势，不让趋势顺顺当当地升上去或跌下去。

主力只能向箱体低头，与箱体达成妥协，在人气旺盛、流动性巨大的股票中更是如此。其实，主力操盘手做了更加聪明的事情，他们利用箱体为自己服务——他也只能利用箱体。

正是趋势运行过程中箱体的必然存在，才使得我们能够跟上趋势，利用箱体，否则任何人都无法买进。

趋势一旦形成就不会轻易改变。

而在趋势形成的初期，可以通过最近的几个箱体发现趋势。

不必恐高，我们可以在趋势未被破坏的任何时候参与到趋势之中去赚钱。

趋势中最近诞生的箱体，能够告诉我们趋势是否要被破坏。

这就是我们依据箱体炒股赚钱的总体宗旨。

第二节　箱体间的关系

最近这些年，我做过数不清的股票操作。可以说所有操作都是根据箱体操作的。我有一种不怕各位笑话的自信，那就是我感觉自己做箱体的赢利能力或许要比箱体的发明者——伟大的达瓦斯先生——强不少。为什么我敢这么说呢？因为股票市场是最公正的裁判和法官：你的想法对了——奖励你；你的运气好？——奖励你！你的想法错了——惩罚你；你喜欢吹牛？——惩罚你！我们的运气比当年达瓦斯的运气好很多，因为我们看到每天的实时行情，能马上用公式筛选出合格的股票，能读到包括达瓦斯在内的众多大师的智慧。对于我自己来说，我花了很多时间研究达瓦斯当年那些失败的案例，这些案例中，很多都是他对箱体之间的关系没有或者没有条件进行深入的研究造成的。我获得赢利的重要原因之一，就是对箱体之间关系的深入把握，这种把握对理解趋势、持股和抓住突破点都很有帮助。所以在本节，我想要与读者一起研究一下箱体间的关系。

两个箱体之间的关系，有包含、相邻、相交和相隔等四种。

包含关系简称"箱中箱"，相邻关系简称"箱邻箱"，相交关系简称"箱交箱"，相隔关系简称"箱隔箱"。

箱体间的四种关系，对于趋势和箱体突破的判断非常有用。

一、包含关系

我在《金品战法之箱体大突破》中，已经讲过箱体之间的包含关系了。

然而我假设，现在正在阅读本书的读者中，有些人没读过第一本书，另一些读者，或许也希望在此进行一些快速便捷的复习。

另外，本书还要对箱体的包含关系进行一些补充，所以在这里，我还是要把箱体之间的包含关系仔细讲解一下。

两个箱体之间的包含关系，指的是大箱体包含着小箱体，也就是"箱中箱"的关系。见图3-2-1。

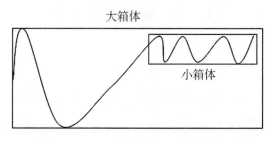

图3-2-1　两个箱体间的包含关系

起初，大箱体出现了，它起始于一个原始箱，原始箱最初波动振幅比较大，箱体最高压力点和最低支撑点之间的距离比较长；之后，股价在箱体内的振幅逐渐收敛，不再出现破箱行为，而是在大箱体之中构建了一个小的箱体，就像一些人在机构或公司里面建立了一个小团体一样。此时，之前的大箱体称为"外箱"，包含在它里面的小箱体称为"内箱"。

本书我们重点关注的"金品"箱体，许多都是包含在大箱体里面的内箱。

金品箱体，对于我们研究和掌握箱体的突破是很有用的，所以了解和学习箱体间的包含关系就很重要了。

其实，箱体间的包含关系，并不像我们最初想象的那样罕见，例如，在上升或下降趋势之中，一个个小的正箱是包含在一个大的趋势斜箱里面的；在横向趋势之中，其实也是包含着一个个更小的子箱的。见图3-2-2。

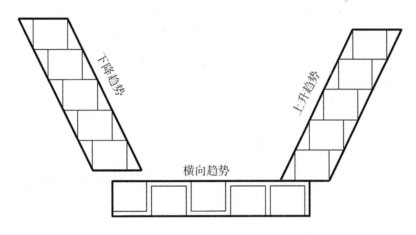

图3-2-2　趋势中箱体的包含关系

现实中的包含关系。见图3-2-3。

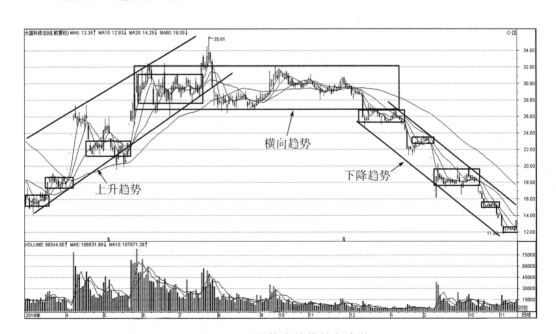

图3-2-3　趋势中箱体的包含关系

图3-2-3是箱体间包含关系的示意图。从图中你是不是看出来了，在趋势的斜箱和正箱之中，外箱对内箱起着组织的作用呢？外箱的上下沿对于压力和支撑的描述，是不是给了你更多的把握呢？

从图3-2-3中，我们还可以看到，横向趋势的大箱体，也就是我们在《金品战法之箱体大突破》中重点讲述的，可能带有8个黑马基因的盘整箱，它里面其实也是包含着许多子箱，只不过横向趋势中的子箱基本上遵从着横向的诞生方式，因此我们才以更加简捷方便的形式，把这些子箱合起来，当成一个大的盘整箱来对待。

二、相交、相邻和相隔关系

箱体之间相交、相邻和相隔的关系都出现在趋势之中，既出现在上升趋势之中，也出现在下降趋势之中，所以这三种关系，是对趋势行情中绝大多数箱体之间关系的分类解读。

图3-2-4显示了上升趋势中箱体的相交关系，图左边是我们平时画的箱体，旧箱体和新箱体之间的相交关系，如果把箱体横向放宽，于是有了图右边两个箱体相交的关系。

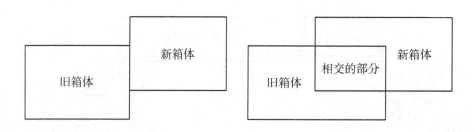

图3-2-4　箱体的相交关系（上升趋势）

从图3-2-4的右图可以看出，箱体相交的特点是，后一箱体的下沿在前一箱体之内（上升趋势），或后一箱体的上沿在前一箱体之内（下降趋势）。

图3-2-5显示了上升趋势中箱体的相邻关系。

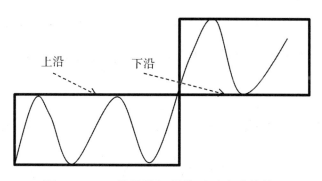

图3-2-5　箱体的相邻关系（上升趋势）

可以看到，相邻关系的箱体，后一箱体的下沿就是前一箱体的上沿（上升趋势），或后一箱体的上沿就是前一箱体的下沿（下降趋势）。

图3-2-6显示了在上升趋势中箱体的相隔关系。

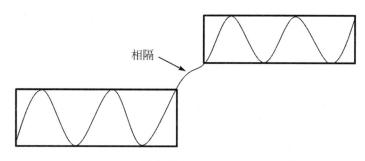

图3-2-6　箱体的相隔关系（上升趋势）

箱体相隔，说明前后两个箱体中间隔着寻箱线，两者没有交集。同样，上升趋势和下降趋势中的箱体都会出现相隔关系。

三、达瓦斯箱体金字塔

箱体的发明者达瓦斯，好像不喜欢在书里面画图。在其《我如何在股市赚了200万》一书中，达瓦斯先生没有在正文的章节里面画出一张箱体图形。但是，该书在出版十年后再版，他在再版后添加的最后一部分"读者问答"里面，却给读者画出了一些示范性箱体，这些箱体主要用来表达上升趋势之中箱体之间的关系，以解决大量读者向达瓦斯提出的有关问题。

有一个读者问达瓦斯如何画箱体的问题，原书是这样写的：

问：我对您书中有一点颇感不解，那就是您说箱体像金字塔一样堆积起来。我使劲努力也没能理解您的意思。您能说明一下或者最好是举个例子吗？能举例说明是最好不过了，因为老话说得好，"图画一张，言语一筐"。

对此问题，达瓦斯不但回答了，同时还画了唯——张箱体关系图：

答：我所谓的箱体像金字塔一样堆积起来的说法自然是描述性的。它是指一只正在上涨的股票的连续交易范围（我称它们为箱体）。具体形式如下图所示：

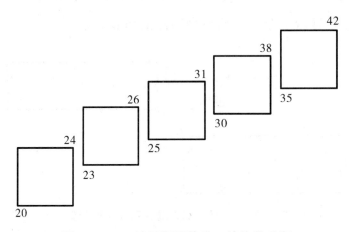

图 3-2-7　达瓦斯画的唯一箱体关系图

注意，图 3-2-7 完全是本人按照达瓦斯书中的原图重新画的，图中没有价格的波动线，当然也没有寻箱线，箱与箱之间都是"相交"的关系，即后一个箱体的下沿在空间上处于前一箱体的上下沿之间，但达瓦斯并没有说箱体间的关系一定是相交的，他认为新箱体的下沿或许是上一个箱体的上沿，或许不是，他说：

新箱体的下沿不一定非得是旧箱体的上沿，而且新箱体的下沿是股票自己走出来的，不是人为预测出来的。

达瓦斯还用别的方式说明了这个意思，他说：

在箱体确立上沿的同时确立下沿是不可能的，但在同一天甚至同一小时确立箱体的上下沿是有可能的。不过这种情况很少出现。

其实，达瓦斯最关心的是如何用箱体理论赚钱，因此他关心的只是上升趋势之中箱体之间的关系，他认为上升趋势如同金字塔一样，是用箱体这样的"石头"一块一块地搭上去的，他在书中的许多地方使用金字塔的比喻，例如：

> 我是按下面的办法来运用这一理论的：当我感兴趣的某只股票的股价波动箱体，像金字塔一样层层叠加，且当时股价正处在最上面的一个箱体里时，我开始关注这只股票。
>
> ……
>
> 我观察这只股票的走势有好几个星期了，看着它的股价形成一个个金字塔形的箱体。当它达到最近一个箱体的上沿 59.75 美元时，我认为自己对它的判断是正确的。
>
> ……
>
> 我借鉴百老汇的这一比较来解决出售时机问题。只要股票在上涨我就不应卖出。那么什么时候卖出呢？应该在股价箱体开始反转的时候卖出！当股价箱体的金字塔开始向下时，就表明到了停演抛出的时候。

从达瓦斯上面这些话中我们理解到，达瓦斯认为股票的上升趋势就是金字塔向上升的"左侧"，而下降趋势就是金字塔的"右侧"。见图 3 - 2 - 8。

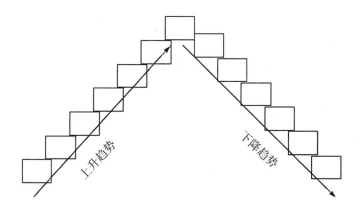

图 3 - 2 - 8　达瓦斯箱体金字塔

　　箱体间的关系不仅仅是相交的关系，还有相邻、相隔的关系。只要我们反复研究上升趋势中箱体之间的这三种关系，就能很方便地得出这样的结论。当你掌握了这些关系之后你就会在实盘的操作里不断赚到钱，因为此时你能抓住更精确的买入点位，也能抓住精确的止损和止赢点位。

　　相邻、相交和相隔，是绝大部分的箱体间关系，这种关系在上升或下降趋势之中会像金字塔那样运行，从而束缚股价的运动，使之不会像风中的气球那样上蹿下跳。"金字塔"的描述，强调的是箱体构成的趋势，它涵盖了缓慢上升、下降或震荡趋势中压力和支撑持续上抬、下降的波动走势，在这样的走势之中，构成趋势的箱体像石头一样堆积起"金字塔"的一边，这些箱体可能是不带验证点的原始箱，箱与箱之间或许没有寻箱线加以连接，但是构成金字塔上升的趋势中，各箱体间的三种关系却是不变的。

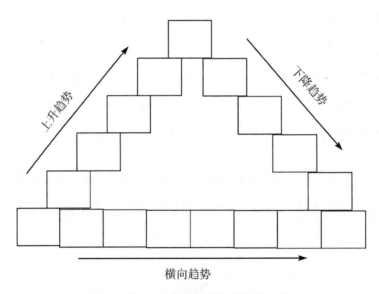

图 3 - 2 - 9　三种趋势构成的金字塔

　　图 3 - 2 - 9 是箱体金字塔框架图，其中，横向趋势中的多个箱体，可以合并成一个单一的大型盘整箱。

　　图 3 - 2 - 10 展示了这种合并的实际走势。

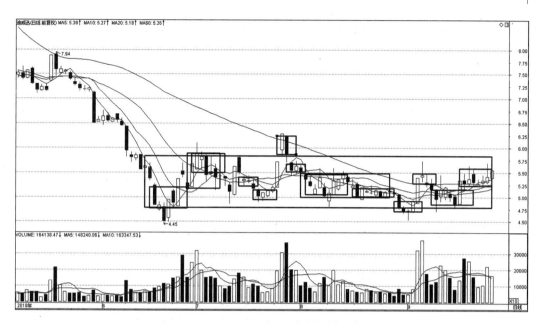

图 3 - 2 - 10　大盘整箱由许多小箱合成

假顶和假底：压力和支撑迁移到未来相交的箱体。

还记得达瓦斯在《我如何在股市赚了 200 万》中绘制的唯一箱体示意图吗？见图 3 - 2 - 11。

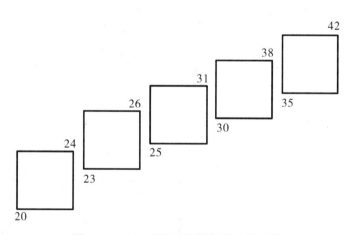

图 3 - 2 - 11　达瓦斯箱体关系示意图

达瓦斯所画的箱体，互相之间都是"相交"的关系。

其实，达瓦斯在发展箱体理论的过程中，忽略了一个持续困扰他的问题，即造成他在股市中亏钱止损的那些箱体，大多都是这样"相交"关系的箱体，让他不止损就能赚钱的箱体，则大都是相邻和相隔的关系。达瓦斯因为没有明确地把箱体间的关系分成这三种类型并分别处理，从而面临了更多的止损。

为什么呢？

因为，上升趋势中相交关系的箱体，本质上是股价要以回箱（回到旧箱体内）为代价来确立新箱体的底部的。见图 3 - 2 - 12。

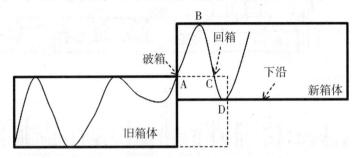

图 3 - 2 - 12　相交箱体，股价回到旧箱体内确认底部

图 3 - 2 - 12 中，新旧两个箱体是相交的关系。股价在 A 点破箱之后，在 B 点确定了新箱体的上沿；之后，股价在 C 点发生回箱，回到了旧箱体内，并在 D 点确立了新箱体的下沿。

也就是说，新箱体的下沿在旧箱体的里面。

股价在破箱之后，新的箱体确立之前，股价的回箱并不能让我们知道新箱体就要诞生了，直到新箱体的底部经过一段时间的确认之后，我们才恍然发现，股价的运动已经造出了一个新的箱体了。

现在，我们以达瓦斯图 3 - 2 - 11 中的前两个箱体为例，向大家示范一下，为什么相交关系的箱体在使用达瓦斯的原始止损原则时，容易造成错误的止损。

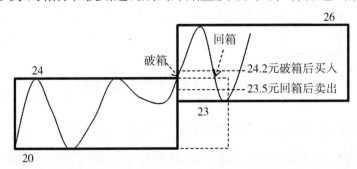

图 3 - 2 - 13　相交关系的箱体容易错误止损

图3-2-13中的两个箱体是相交关系，从图中可以看出，从破箱后买入到回箱后止损，这些操作都是针对前一个箱体而言的（请注意图中前一个箱体延伸到新箱体中的虚线部分）。如果预先知道新箱体的底部在哪里，以及它与前一个箱体有那样大的相交区域，也就不必止损了。

达瓦斯经常发生这样的亏损性止损。例如达瓦斯在操作"数据控制公司"的股票时，虽然最终操作得非常成功，但在整个操作过程的初期却两度止损，他在《我在股市活了下来》一书中这样写道：

当我觉得时机成熟时，我就设置了一张到价买单，要求在63美元的价位购入500股，并且将我的止损单设置在62.5美元的价位，它比我所认为的当前箱体的高限要低一点点。

在6月25日，我的经纪人给我传来如下内容的电报：

"按照63美元的执行价格到价购买了500股数据控制公司股票，按照62.5美元的止损价格卖出了500股数据控制公司股票。"

实际上，那一天的价格在回落前也曾达到过63.75美元的高位。我认为这种回调是暂时性的，因此又一次设置了类似的指令。于是我的股票又一次被卖了出去！但是这次回调持续的时间更加短暂。只有一单针对数据控制公司的交易触发了我的止损指令，其后整个走势便立即止跌回暖、向上反弹，于是我决定还紧追这只股票不放，我相信我是正确的。

在7月5日，我的经纪人晚间电报来文如下：

"以65.85美元的执行价格到价购买了500股数据控制公司股票。"

后面还附有一条通知告诉我这只股票的收盘价为68.5美元，而当天的最高价为68.63美元。其后该股票的行情便开始启动了。

从上面达瓦斯的文字可以看到，他把买入价和止损价设得非常近，只差0.5美元（63美元买入，62.5美元卖出），这样近的差价是无法对付前后相交关系的两个箱体的，因为破箱后的回箱会造成错误止损。

以我们上面所画的、按达瓦斯的示意图所示的两个相交的箱体为例，新箱体的下沿与旧箱体的上沿，其价差为1美元（24—23美元），结果在股价运行到新箱体里面之后，在新箱体的下沿被验证之前，我们眼中只有旧箱体，错误的止损就难以避免了。

而对于前后相邻和相隔的箱体关系，因为股价从旧箱体中破箱之后，不存在回箱运动，所以也就没有止损错误的问题了。见图3-2-14。

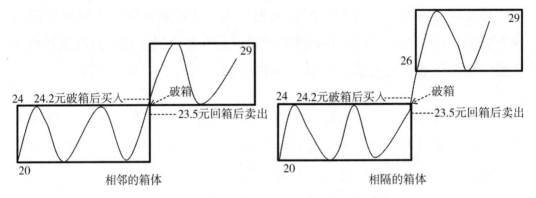

图3-2-14　相邻、相隔的箱体不存在回箱

其实，达瓦斯的那些买入后未经止损的成功操作，在于新箱体与旧箱体的关系不是相邻就是相隔，这些在达瓦斯的两本书中也大都可以得到证明，例如一只名为"会餐俱乐部"的股票，达瓦斯是这样说的：

> 同时，我对箱体理论的信心在另一次实践中得到了强化。这只股票名叫会餐俱乐部，当时在美国是一只非常热门的股票。我的第一次行动是以24.5美元的价格购入了500股，接着又在26.13美元的价格购入了另外500股。会餐俱乐部快速地在一系列的箱体当中移动：开始在28—30美元的箱体中，接着在32—36美元的箱体中，最后到了3月下旬，它进入了36.5—40美元的箱体当中。我同时运用了我的止损单武器，对准了最接近最后一个箱体底部之下的那个价格，即36.38美元。

在上面这只股票之中，达瓦斯提到三个箱体，分别是28—30美元箱体，32—36美元箱体，以及36.5—40美元箱体，这三个箱体之间的关系显然是相隔的关系，第一与第二箱体间相隔了2美元的寻箱线，第二与第三箱体之间隔了0.5美元的短寻箱线。

那么，在应用达瓦斯的方法时，我们能不能减少相交箱体的错误止损所带来的亏损呢？

我们至少有三种方法，即假底法、斜箱法、金品法。

我们先来研究一下假底法的原理。斜箱法和金品法，我将放到后文中去讨论。

在研究假底法之前，让我们先复习一下原始箱的诞生原则。

正如达瓦斯说的那样，在上升趋势之中，原始箱是先确立了上沿之后才确立下沿的。达瓦斯的原话是这样说的：

> 只有上沿确立之后下沿才能确立。

达瓦斯还说：

> 在箱体确立上沿的同时确立下沿是不可能的，但在同一天甚至同一小时确立箱体的上下沿是有可能的。不过这种情况很少出现。

上沿要先于下沿确认，显然这是上升趋势中的回调箱，达瓦斯也只做回调箱的生意。

对于回调箱来说，新箱体的下沿确认之前，我们无从知道新箱体与当前箱体是否将是相交的关系，因此也就没办法防止错误的止损了。

为了减少错误止损，我们很自然地就提出了下面的问题：

已知在上升趋势之中诞生的新的原始箱，其上沿总是先于下沿得到确认的。在此情况下，有没有可能在新箱体的上沿未确立之前，首先预估出它的下沿呢？

为此，我们需要理解的一点是，相交关系的箱体，其实是两个带有同一子箱的箱体前后相连而成的。见图 3 - 2 - 15。

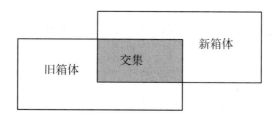

图 3 - 2 - 15　相交的箱体——存在交集

图 3 - 2 - 15 中箱体是相交关系，其定义应该是两个有交集存在的箱体之间的关系，就是相交关系。

两个箱体间的"交集"，其实就是两个箱体共同包含的部分。

换句话说，新箱体和旧箱体，相互之间你中有我的一部分，我中有你的一部分。

为什么相交的箱体之间一定要有交集呢？

因为首先，旧箱体破箱之后，就要从破箱处计算新箱体的左侧诞生点了；其次，在新箱体确认了其上下沿之前，我们还一直使用着旧箱体，我们的眼里只有旧箱体，直到新箱体的下沿的确认完成为止。

也就是说，在新的箱体确立了它的上沿和下沿之前，我们是不知道新箱体存在的。

现在让我们这样去想：假设新的箱体和现在的箱体是相交的关系，那么，在这两个箱体的交集之中会发生什么事情呢？会不会新箱体的下沿首先出现在当前这个旧的箱体之中呢？

也就是说，新箱体的下沿既然也是支撑线，那么在假设的新箱体和旧箱体的交集里面，我们会不会首先看到新箱体下沿对股价的支撑呢？

这就是说，两个箱体的交集子箱体，它很可能是一个反弹箱。见图 3 - 2 - 16。

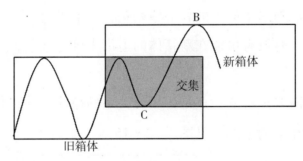

图 3 - 2 - 16　新箱体的下沿先于上沿被确认了

图 3 - 2 - 16 之中，股价在破箱之前，首先在 C 点获得了支撑，这是不是意味着这个支撑点 C，其实是未来新箱体的下沿呢？由此我们就有了"假底理论"。见图 3 - 2 - 17。

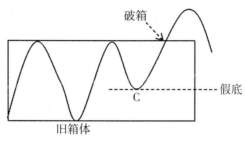

图 3 - 2 - 17　假底

图 3 - 2 - 17 中，当前箱体中新的支撑点 C 上移了，它不是本箱体下沿的验证点，它与本箱体的下沿之间有一段距离，它不是本箱体的下沿，就可能是未来新箱体的下沿（底部），我们把由 C 点确定的临时底部称为"假底"。

C 点的水平线很可能是未来新箱体的下沿，是假底。

当然，只有当下面两个条件出现时，假底才能变成真底：

条件一，C 点所代表的新支撑不会被跌破；

条件二，股价必须在之后的时间里向上破箱成功。

第一个条件容易理解，如果 C 点被跌破的话，则它在本箱都不是支撑，怎么会是未来箱体的支撑呢？因此它就不会是一个未来的真底。

第二个条件也不难解释，因为当 C 点出现之后，我们只能假设未来的新箱体已经拥有了自己的下沿了，但这是暂时的假定，是假底；如果一段时间内股价未向上破箱的话，则未来的新箱体根本都不存在，我们又怎么能认为当下这个假底将是未来箱体的真下沿呢？

有了假底这个东西，相交箱体的止损办法，我们就有眉目了：在假底出现之后，股价未破箱之前或刚破箱之后我们都可以买进，而止损点则设在由 C 点所决定的那条水平线即假底上。

通过以上不完全的讨论，目前我们得出：箱体之间的关系虽然有包含、相交、相邻、相隔等四种，但所有这些关系的本质在于，箱体与箱体之间的关系是循着当时的趋势构成的，箱体间最大的关系是它们努力共同构建着趋势。

虽然趋势的构建是出于场中全体参与者各自出于己见的、相互矛盾并分歧着的随机行为，但正像经济生活中各个自私的人们的活动最终不小心共同繁荣了经济一样，股市中一只股票的所有自私的参与者们也在不小心、不自觉的情况下共同构建了趋势，效果上看起来就像他们预先商量好了要同心协力似的。

市场无形的大手就是这样有力，它把不同的信息散布到每个参与者的心里，然后这些参与者们像是受到了控制似的，用趋势表达了市场的情绪和想法：向上、向下、向前！

第三节　金品箱体

一、金品的形态

品，是连续的小幅 K 线构成的、波幅不大的小箱体。

金品箱体，是那些预示箱体极有可能向上突破、趋势向上延续的品。

金品箱体分为上品、下品、天品和斜箱变异品。

我最早发现的是金品中的上品，当然那时它还不叫这个名称，因为世界上还没有一个人为它取这个名字。

我之所以发现上品，其实是缘于一次非常煎熬难受的被套。见图 3 - 3 - 1。

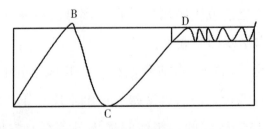

图 3 - 3 - 1　被套在 B 点

那时我正在追踪某只股票的底部盘整箱，当股价在 B 点突破后，我就买进了，然而在它回箱之后我没有止损卖出，结果就被套在里面了。

经过一段时间之后，股价又上升到了 D 点，我的煎熬也从此开始。

在每一天里，股价都徘徊在我被套点位下方一点点的地方，我盼着它再往上涨一点，好让我解套出局，我也时常想着稍微亏损一点钱干脆割肉算了。我就在这种犹豫的苦难中熬了一些日子，觉也睡不踏实，有时做梦都看到箱体突破了。

某一天早上，我突然内心深处就释然了。为什么呢？

那天早上，我一边在晨风中散着步，一边回想着庄家这些日子是怎么折磨我的。我想，这些天受折磨的肯定不止我一个人吧？这些人中有多少人能够坦然面对呢？他们中大多数人一定也像我一样犹豫和痛苦着吧？他们中不少人或许已经割肉投降了吧？其他人呢？恐怕也离投降不远了吧？我估计他们也像我一样，时时刻刻想要向庄家投降呢。

我回忆起那些大牛股，当它们将要突破历史新高的时候，当它们将要突破年内最高点的时候，甚至当它们将要突破半年内的最高点的时候，不都是这样在前高点的价位磨叽很长时间吗？

当下的这个主力这样磨叽手法，不就是缩小了突破前高之前的磨叽吗？这个主力不是也暴露了自己最大的弱点了吗？他不是也在这个高点不肯跌下去吗？

主力故意在前期高点将破未破的时候止步不前，然后花很长时间磨磨叽叽，意在磨灭持股不坚定者。有些散户在折磨之下投降了，他们双手捧着自己的筹码交给了主力，或者交给了新进来的散户，新进来的散户还没经历过那样的折磨，他们会稳定地拿着筹码等待合适的利润。

我好像看到主力悠闲地沏上一杯好茶在那里慢慢地品着，并观察着市场。

那个早晨的这个白日梦，就这样让我释然了，我对着不知身处何方的主力暗暗地说："好吧好吧，你不是品着茶吗？那我也和你一起品一品吧！"

那天早晨之后我变得格外轻松，我想起所有那些股价上升途中类似的形态：突破成交密集区时的形态，突破半年、一年或历史高点时的形态，头肩底形态，强势整理形态，等等，股价不也是在这些关键的压力位磨磨叽叽地盘整，好像总在盯着左边前期的历史形态吗？那时我就想到了"向左参考"这个术语，想到了"品"这个让我静下心来的描述。

类似"品"这样磨磨叽叽的形态，或许幅度有大小，但好像在股价突破重要压力位之前都要出现的吧？

回家后，我急忙翻看了众多的股价走势图，发现还真是这样的，于是画出草图。见图3-3-2，图3-3-3，图3-3-4，图3-3-5。

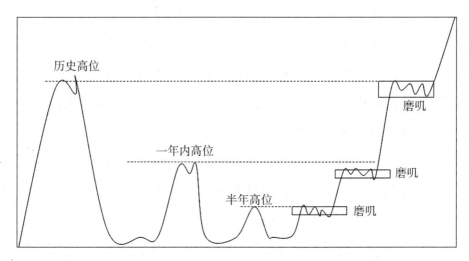

图3-3-2　突破重要高点前类似"品"的磨叽

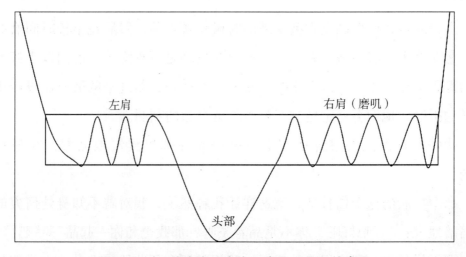

图3-3-3　头肩底"右肩"类似"品"的磨叽

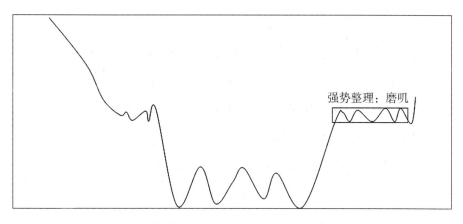

图 3 - 3 - 4　强势整理的磨叽

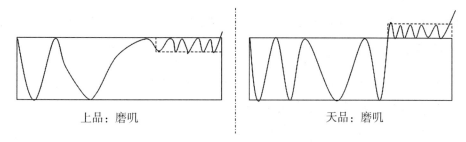

图 3 - 3 - 5　"上品"和"天品"磨叽

　　箱体中的上品走势，类似于股价突破其他任何关键压力点位时磨叽的地方。全场的参与者们好像一直在看着价格走势图的左边各个关键点位的地方，当股价在走到相应的高度时就犹豫了，股价迈着小碎步，做出小的 K 线组合，要么是横向的盘整箱，要么是原始箱，要么是比大箱体小很多的箱——"品"，用这些大大小小的磨叽箱体消耗着前期的压力，用"上品"或"天品"来消化箱体的上沿压力。

　　金品中的上品和天品，是强势庄家的杰作，它在原箱体压力最大的地方建立小箱体，把支撑强行抬高并保持紧贴着压力的下方，双方阵地被压缩到极近的范围之内，短兵相接。

　　后来，在被套的股票向上突破之后，我就更加重视对金品的研究了。

　　所谓金品，其实就是把压力和支撑压缩到一个非常狭窄的范围之内的形态，这种形态的产生要么是主力想要使市场冷却，要么是主力运用强力的手法故意把支撑推进到离压力非常近的地方，以贴身肉搏的方式消化压力，而不是以压倒性的资金优势一举突破压力。

金品这样的箱体形态，其实是一种非常诡异的形态，压力和支撑在非常狭窄的范围之内维持着一种平衡，这种平衡甚至还维持好多天，这难道不是非常诡异吗？之前的箱体内部并不是由狭窄的品构成的，而是由较大的波动构成的。那些较大的波动跑到哪里去了？是被消化掉了吗？

不光是金品，上面所说的所有压力位的磨叽形态都有这样的特点，都是在重要压力位上下一点点的地方强行维持支撑，制作不破底的箱体，以这样强有力的支撑来消化积怨最深的压力区，进行着坚忍的逼空。

如果没有资金和流动性的强力支持，这样的形态是很难维持的。

请不要认为，在不能做空只能做多的股市里面就无法进行逼空操作了。

哪怕是不能融资融券的股票，空仓观望准备介入的旁观者中，至少有一半的人是希望股价下跌到前期低点或更低的点去的，他们希望在那样的点位买入，他们是那些追求"买在最低点"的人。

股价在较高的压力位维持类似"金品"这样的磨叽形态，就是对这些人的一种逼迫，就是一种逼空。上品和天品的形态，是多头主力实力和决心的明确表达。

二、金品创造假底

金品箱体的另一重要作用是其在用支撑挤压上方阻力的同时，通过长时间的坚持创造假底并尝试验证。见图 3-3-6。

上品   变异上品

图 3-3-6 上品创造的假底

假底是假设的未来箱体的底部，金品假底的坚实性预示了未来股价向上破箱之后，其底部一般不会再度低于假底。

由此我们可以大胆推断，如果箱体中出现了上品，那么未来股价突破上沿之后，新箱体的下沿至少不会低于目前的假底。

因此，上品暗示我们一种未来较为积极的上升趋势。

天品是更奇妙的金品，因为它本质上与之前箱体的关系，就是相邻的关系，天品创造的假底其实是真底，是它自己作为独立于之前箱体的底，其实就是之前箱体的上沿，这意味着未来的上涨要以当下这个天品箱体为参考，当前的天品本身就是内心躁动面临突破的箱体。因此，天品所创造的假底，其实是相当真实的真底。见图3-3-7。

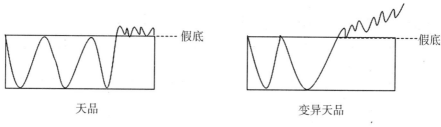

图3-3-7　天品创造的假底

下品创造的假底更像一般意义上的回调箱假底。见图3-3-8。

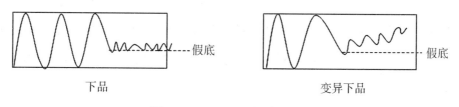

图3-3-8　下品创造的假底

金品小箱体所创造的假底，比通常意义上的假底珍贵，因为金品是经过长时间小幅震荡的小箱体，其所消耗的时间和空间，已经对其创造的假底进行了充分的验证，因此使之更有意义。

如果我们把金品的整个磨叽过程当作验证过程来看的话，就会对箱体的未来突破越来越有信心。

由于金品与假底间不可分割的关系，我们在使用金品时，就要遵照使用假底的规则。

对于上品和下品，当它们处于造箱的过程之中时我们不应介入，原因就在于，假底只有在价格突破箱体上沿时才可能成为真底。

而对于天品，我们则可在它突破自己的上沿时马上介入。

其实，金品的造箱过程，不但在验证着自己小箱体的底，同时也在用时间验证着其母箱的上沿和下沿。

三、金品的作用

1. 金品给了其母箱各个压力点和支撑点以足够长久的验证时间。

毕竟我们已经知道，一个压力点所决定的上沿的确认，两三天的时间才能具有某种把握性，下沿则须等待上沿确认了之后方可确认。

金品中的上品和下品是子箱体，它在母箱之内的走势是收敛型的趋势，既不向上破箱去打破对于母箱上沿的确认，也不向下破箱去扰乱对于母箱下沿的确认。

也就是说，金品给了母箱的上下沿足够的验证时间，使这些压力点和支撑点都确认下来。

2. 金品是主力调整流动性的最好箱体。

我们已经知道的是，流动性越大的股票其拉升的阻力也就越大。金品通过长时间的磨叽消耗着市场的参与热情，股票交易的流动性自然而然地持续降低。当流动性达到某一较低的水平时，也就同时意味着上方的压力被消耗得差不多了。

主力不但通过金品来消耗流动性，还通过金品来稳定对手盘。

通过箱体不断地震荡洗涤，主力的对手盘就变得越来越稳定，表现在盘面上，就是箱体的震荡幅度越来越小，成交量也越来越小，逐渐变成了金品。成交量的缩小说明，主力的对手盘越来越稳定了，这时候也就可以进行拉升了。

第四节　箱体的意义

一、箱体对散户的意义

箱体理论，从它一开始发明出来，就是一个完备的交易系统，是一整套关于选股、买入、加仓补仓、止损、止赢的系统。

1. 这个交易系统的最大优点就是可以不被深套在熊市里面，即它有着预测功能。

2. 箱体理论这个交易系统，它天生就带有自动止损和滚动止赢的功能，天生就带有一系列的操作方式，比如加仓这样的操作方式。

3. 利用箱体可以进行单一化的操作。你不用考虑太多的因素，不用考虑太多的指标，只要知道趋势、箱体和量能就可以了。这样一来，买入和卖出、止赢和止损就变成了单一原则的止赢和止损。

二、箱体对主力的意义

对于主力来说，箱体的意义至少有以下五点：

1. 箱体是主力进行洗盘、清理浮筹、让浮筹充分换手以稳定对手盘的方式。

2. 箱体是主力向上或向下搬移筹码的方式。

3. 箱体是主力研究对手、进行试盘，同时降低流动性到主力认为合适价位的方式。

4. 箱体是吸引外部资金入场以便形成更丰富的合力的方式。

5. 箱体是积聚能量、准备突破的修整。

我们简略地看一下主力利用箱体的这五个方面。

1. 关于洗盘，前面已经说过，回调箱本身就是洗盘箱。

达瓦斯也认为箱体有洗盘的作用，他说：

> 后来当我经验更丰富时才知道，股价在创出 50 美元的高点后回调到 45 美元的走势，还有另外一个重要好处，即通过这种回调将那些不坚定的、动摇的持筹者震出去，这些人错误地将回调看作趋势反转向下，只有这样才能使股价下一步涨得更快。

其实，箱体对于主力的作用，就是造箱的过程之中，主力在洗去浮筹的同时，可以谋求一些比较稳定的浮筹，这些稳定的筹码就是与自己同心同德的对手盘，主力需要对手盘，主力谋求对手盘，从而获取合力。

2. 关于筹码搬移，这其实是箱体的天然特性。箱体在横向的运动之中，经过时间的延续，多空双方的不断磨合，越来越多的换手发生了，时间使不少获利盘和套牢盘发生了动摇，筹码也就被搬移到箱体的运动区间了。

3. 关于试盘和降低流动性方面，试盘的目的就是看一看流动性是不是已经降低下来了。主力典型的试盘手法，就是时常向上进行假突破，例如经常发生的破箱再回箱。这些假突破的意义何在呢？意义在于，主力可以在历次的假突破之中，用真金白银的付出，感受上方阻力是不是已经减少，也就是感受流动性是不是已经降低了。当主力确认流动性已经降低、上方的阻力已经减少之后，才会量力而为地考虑继续拉升，否则，它就是以自己的资金在冒险。

4. 关于吸引新资金入场方面，这一点最容易理解。在箱体波动的一段时间之内，许多换手是发生在新老资金之间的。箱体波动的时间越长，它对场外人士展示自己的时间就越长，给场外人士留出的进场机会就越多，新资金进来得也就越多。

5. 关于箱体积聚能量的功能，达瓦斯认识得相当透彻，他说：

> 舞蹈演员在腾空跳起前，都要先下蹲以便获得腾跳的冲力。我发现股票也是一样。它们往往不会突然一下从 50 美元涨到 70 美元。换句话

说，我认为处于上升趋势的股票，在上涨到 50 美元之后再回调到 45 美元的走势，就好比舞蹈演员的下蹲，是为上涨做准备的。

小　结

在本章中，我们把焦点主要放在了箱体和箱体之间的关系上面，我们甚至过于细腻而枯燥地研究了这些内容，但我承诺这些内容都是有用的，它们将在未来实战的征程之中，为我们所有的操作奠定赢利基础。

金品战法 之
箱体擒龙捉妖

红指妙奕

第四章 实战的基础准备

我的止损方法具有两方面功效。它让我抛出错误的股票同时买进正确的股票。

——尼古拉斯·达瓦斯

上升趋势分为初期、中期和后期三个阶段。一只股票拉升最快的主升浪，一般只出现在上升趋势的中后期。

由于上升趋势三个阶段的股性不同，所以，我们针对不同股价阶段的操作原则和方法也有所不同。

尼古拉斯·达瓦斯所创立的经典箱体理论，针对的是上升趋势的后期阶段，也就是主升浪阶段。

而在本书中，我们将对上升趋势各阶段的操作加以讨论。

在上升趋势的整个过程之中，箱体不断地诞生。在详细讨论上升趋势的箱体操作法之前，我们先要复习的是所有技术分析的基础概念、箱体诞生的历史根源——股价运行的"向左参考"特性。

第一节　向左参考与上升趋势

2007 年 2 月到 5 月期间，我错失了从世纪星源（000005）（当时的 ST 星源）中获得资金增长一倍半的机会，这个故事我在《金品战法之箱体大突破》之中已经讲过了。

从那时起，世纪星源成了我永远的"伤痕"之一，我忘不了它，总是一遍遍研究它的历史，一段一段研究它在 2007 年令我错失翻倍机会那段时间前后的走势，结合金品的发现，"向左参考"的思想就在那时形成了雏形。后来，我又编写了一系列"向左参考"的指标，其中的"年内向左参考"指标是我最喜欢用的指标之一，它让我在股市征战中抓到了大把的主升浪赚钱的机会。实践证明向左参考的思想如此重要，所以我们需要做仔细研究。

一、向左参考指标

什么是"年内向左参考"指标呢？先请看图 4 - 1 - 1。

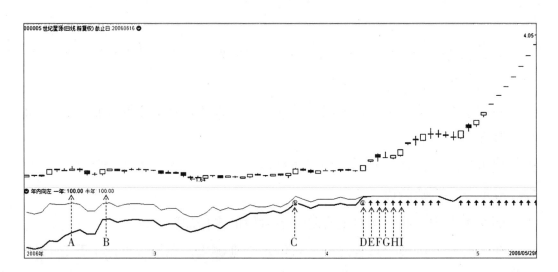

图 4 - 1 - 1　年内向左参考指标

图 4 - 1 - 1 中，我使用了"年内向左参考"指标。这个指标中有两条线，黑色细线是半年向左参考线，黑色粗线是一年向左参考线。这两条线的取值都在 0—100 之间（图中 A、B 两点所示）。当半年向左参考线达到最大值 100 后，表明最近半年内的套牢盘已经没有了，这时一只股票可能才刚刚准备步入主升浪，此时指标中会给出笑脸提示（图中 C、D 两点）；当一年向左参考线达到最大值 100 后（最好是一段时间以来的第一次达到），表明一年内的套牢

盘已经没有了，这时一只股票才能摆脱历史的包袱，真正地启动它的主升浪，此时指标中会给出向上的箭头提示（图中 E、F、G、H、I 等点）。

二、向左参考指标在趋势中的运用

没有无缘无故的爱，也没有无缘无故的恨；没有无缘无故的箱体，也没有无缘无故的波动。

技术分析的根本宗旨就是"向左参考"，即"参考左方的历史，预测右方的未来"。

上升趋势的寻箱线，在向上冲锋的过程之中，遭遇到一系列空头的阵地阻击，被打得眼冒金星，调头向下，组织起一个多头阵地与之对抗，于是你攻我守，展开了一段时间的阵地战，箱体的上沿就是空头阵地，下沿就是多头阵地。

当多头攻陷了空头的阵地——箱体的上沿后，趋势继续向前冲锋，不知道在哪个位置还会遇到空头的阵地阻击。

当上升趋势开始的时候，人们无法在 K 线图上看到空头在上方的一道道防线、一个个阵地，不禁要问："那些空头防线在哪里？它们是什么时候筑起来的？"

要回答这个问题，你只需看看 K 线图的左侧就知道了。

价格在上升或下跌的过程中，它遭遇的阻击总是缘于前期左方不同价位筹码的分布，是筹码在各价位的堆积造成了压力和支撑。

技术分析的总则就是根据价格在前期——左侧——的运动历史去推测未来右侧的走势，对箱体的预测也不外乎如此，人们总要参考左侧的历史走势，这就是预测价格运动的向左参考原则。

2017 年 4 月，我为什么敢那样大胆地去做冀东装备（000856）？请看看图 4-1-2 中的"年内向左参考"指标显示了什么吧。

长时间以来，第一次"一年向左参考"线达到 100 时（图中第一个箭头）信号出现，股价向上一字板涨停，此时谁也买不进去。之后的几天，多数人也不太能买得进去，主力其实也严重吸货不足。然而由于雄安题材，市场替主力把股价推到了高点，解放了左侧的所有套牢盘，这才使里面的主力在高处箱体大量加仓，做出了第二波大行情。为什么能做出这次行情？因为从图中第三个箭头所指的地方向左看，一年之内的套牢盘已经完全没有了。左方的压力全部清空后，主力向上拉升的阻力明显大减了。

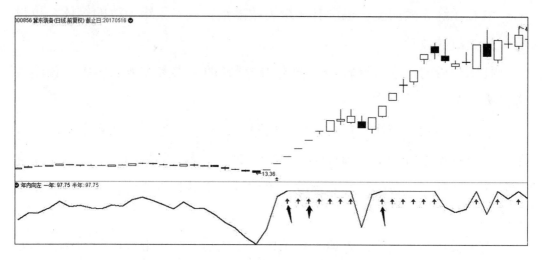

图4-1-2　冀东装备（000856）

向左参考的本质就是，股票的价格运动无法脱离前期历史轨迹的影响。

我们在前面讨论金品箱体时，已经初步讨论过股价在上升过程中的向左参考。例如，股价在突破重要压力位或成交密集区时，总是出现磨叽的走势，以大大小小的箱体走势对冲前期左方成交密集区域的压力，就像对那样的区域致敬似的。见图4-1-3。

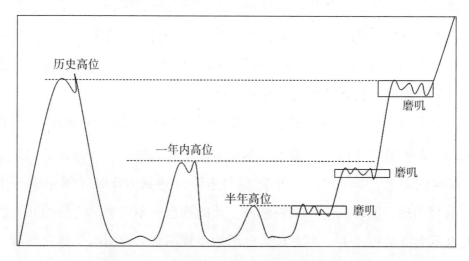

图4-1-3　股价在突破重要压力位时的向左参考

横向趋势中的底部头肩底形态，是向左参考的典型形态，它是用右肩的箱体对冲左肩的成交密集区。见图4-1-4。

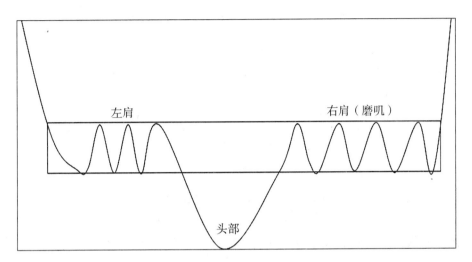

左肩　　　　　　　　　　　右肩（磨叽）

头部

图4-1-4　头肩底用右肩对冲左肩的密集成交

为什么刚刚上市的新股能够多次一字板上涨呢？因为其左边没有任何历史走势的参考点，上市开盘的价格就是历史最高价，几乎没有人被套在这个价格上方。

向左参考是产生箱体的原因，也就是说，它产生的波动是阻碍价格向着趋势方向运动的阻力。

在上一章中我们已经讨论过，箱体是沿着趋势诞生的。现在我们再来看这个规律就可以理解箱体是向左参考的结果。因为向左参考是趋势的束缚力量，它是一种反趋势的力量，也就是那种产生箱体或波动的力量，越是大型的盘整箱，越是严重向左参考的结果。

股价走势的向左参考，缘于左方前期走势的压力和支撑。股价在上升过程中，压力来源于持仓者的解套盘和获利盘，以及空仓者的新增融券盘；股价在下跌的过程之中，支撑来源于融券的解套盘和获利盘，以及空仓者的买入盘（含融资盘）。见图4-1-5。

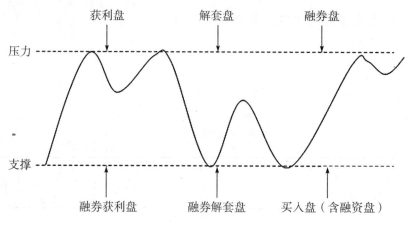

图4-1-5　压力和支撑的构成

由此可知，由于我国的 A 股以做多为主，绝大部分股票不能融券做空，大部分散户也难以获得做空资格，所以来源于融券的压力比较小（甚至没有），形成真正逼空行情的可能性也很小。

然而，由于获利盘和解套盘的压力是真实存在的，因此股价在上升过程中的向左参考很有意义。

反之，在下降趋势之中，由于融券的获利盘和解套盘往往不存在（或比较少），支撑仅仅来源于买入盘，下跌趋势缺少融券盘平仓操作的缓解，从而导致向左参考在很大程度上失去了作用，造成了我国 A 股助跌不助涨、涨得少跌得多的"牛短熊长"特征。

这样的现实提醒我们，在上升趋势之中要极端重视股价的向左参考和箱体运动，上升趋势一旦结束一定要跑得快，以免陷入没有向左参考加以缓冲的漫漫熊途之中而无法自拔。

三、向左参考指标对时间的把握

向左参考有一个"就近参考原则"：前期的压力或支撑离当前价越近，则参考价值越大，股价发生波动、产生箱体的可能性越大，反之则越小。

也就是说，越是近期的压力和支撑，对于当前价格走势的影响就越大。

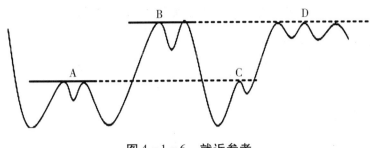

图4-1-6　就近参考

图4-1-6中，前期左方走势中A区域和B区域都形成了压力位，然而股价再次上升时，其运动到远期压力A区域附近的C点时，所受影响较少，反而在D点发生了较多的波动，原因就在于B点的压力离D点比A点近，影响力更大。

就近参考原则在上升趋势的操作中非常重要。例如，当股价突破一年之内的最高点时，是否开始向上加速拉升，往往取决于前期更高点或历史高点是否离现在比较近。

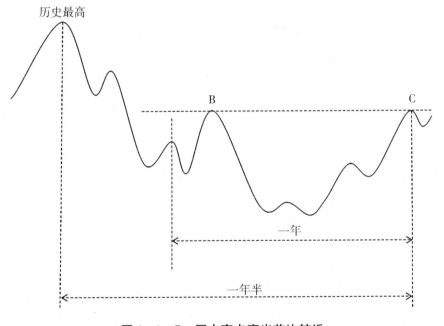

图4-1-7　历史高点离当前比较近

如图4-1-7所示，股价运行到C点时，已经达到或基本突破一年内的最高点了（此时前期一年内最高点是B点），然而，由于历史高点离当前比较近（一年半左右），股价就此向上加速拉升的可能性比较小，继续造箱以消化历史高点压力的可能性比较大。

如果历史高点离当前比较远的话，情况就不一样了。

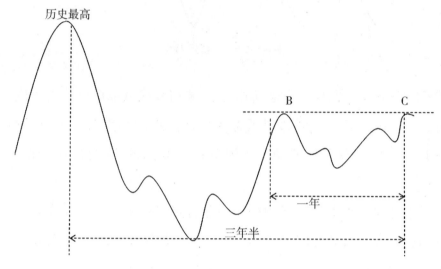

图4－1－8　历史高点离当前比较远

如图4－1－8所示，当股价运行到C点时，历史高点以来的积怨，已经被三年长久的时间消磨得差不多了，历史高点的向左参考价值已经不大了，股价只要消化掉B点积累的压力就可以了。

后面我们将学习上升趋势中的全套箱体操作方法，这些方法都非常重视当前股价与历史高点的关系。

考察过去那些典型的牛股，除新股外，股价从底部向上拉升的过程，一般都是一个从慢速抬升到快速拉升的加速过程。

在前期的慢速抬升期内，股价的运动目的主要是克服左方的压力，这一过程往往持续半年以上，长的很可能需要两三年甚至更多。

在突破年度最高价之前的股价走势，很难有快速持续的上冲，而当价格突破年度或历史高位时，反而有了加速向上的趋势，这就是因为当价格突破了历史高位的时候，向左参考的压力失效了，参考点不存在了，在后期的快速拉升过程时，股价已经消化了历史遗留的压力，于是可以轻装上阵加速拉升了。

上升趋势末期，股价最后这一段加速拉升的过程就是所谓的"主升浪"。

一只股票的主升浪，是所有成功高手最重视的阶段，它是产生暴利的密钥，是财富快速膨胀的通道，是主力获利的快车道，是波段操作的高潮，其中很多股价的涨幅令人瞠目结舌，涨幅用翻番来计算，以至于成为带领板块、引领大盘的风向标。对这种股票，市场称之为龙头股，而一些涨幅巨大，但对市场影响力不强的股票，被称为妖股。发现并介入这些股票，就是擒龙捉妖之人。在股市中，最令人心跳和兴奋的就是主升浪，它是一段涨速最快、涨幅最大的寻箱之旅，是股市冒险家们孜孜以求的目标，也是我们操作上升趋势的重点。

从技术上看，主升浪其实就是大箱体形成金品后所展开的连续飙涨。

精准信息（300099）在2019年3月28日做完了天品，然后放量一飞冲天，形成了主升浪。见图4-1-9。

图4-1-9　精准信息（300099）

福安药业（300194）在2019年3月29日，同样是在完成了天品的走势之后，向上直接走出了主升浪。见图4-1-10。

图4-1-10　福安药业（300194）

箱体理论是用来进行趋势操作的。当我们用箱体理论操作主升浪的时候，就应该把它理解为"在趋势的中期之后介入"的理论，这时候的箱体理论，就是追高的理论。

当股价接近或突破历史高点时，其实已经上涨了好长一段时间了，换句话说，趋势已经运行了很久了。

俗话说："龙头股是走出来的。"这话的第一层意思是，当一只股票还处于低位时，谁也不知道它是未来的龙头股；第二层意思是，当发现某只股票涨了很多、已经走出了龙头的气势时，我们再以箱体理论为依据买入往往也来得及。

只做龙头股和主升浪的所有依据，都来自于对"向左参考"的理解。对于已经走出来的龙头股不要恐高，因为它走得越高，向左参考的压力就越小。

"投机之王"杰西·利弗莫尔说过，"股票永远不会太高，高到让你不能开始买进，也永远不会太低，低到不能开始卖出"。

反过来，喜欢在下降趋势中"抢反弹"的朋友们要注意啦，由于就近参考原则，抢反弹抓到大趋势的成功率是非常低的（不是绝对没有，例如著名的 1999 年 "5·19 行情"），被套住的可能性却是相当高的。

为什么呢？根据"向左参考"的原理，由下降趋势从底部呈 V 形直接向上放量加速拉升的成本非常之高，需要克服左方近中期太多的压力，因此通常都要经历一个底部企稳的过程，之后的上升也多是一个逐渐加速的过程，以克服左方的一切压力。

同样，在可以做空的市场之中，下降趋势也不大可能从上方发生一个 V 形的持续下跌趋势，也有一个逐渐加速的过程。

"向左参考"的原则告诉我们的是，逆趋势"接飞刀"式的操作风险较大，获利可能性较小，无论做多做空都是如此。顺势操作，应该是顺应明显已经具有惯性、经过长时间检验的趋势操作，尤其当这种趋势已经突破了大部分向左参考的阻力之后，风险反而比较小了。

第二节　箱体止损与止赢

一、认识止损

对于我来说，生活中最痛苦的事情之一，就是割肉止损。虽然我应用箱体进行止损已经有近十年的历史了，但在最初的几年里，我经常设置了止损却没有执行，那种在价格频繁波动中患得患失、侥幸犹豫的心理挣扎，常常害得我难以成眠。许多时候，虽然在理智上知道趋势已经破位了，但心里总还是有一个声音，"再看看，再等等"，导致我错过了最小损失的止损位，事后造成大块割肉或被深套。另一些时候，当我果断止损之后，价格却立即反弹了，并且一路向上，我在犹豫中反而错过了行情。这种左右打脸的痛苦经历，给我造成了很长时间的心理阴影，决心变成迟疑，贪婪变成恐惧，种种心酸难以尽述于文字。

磨难总有过去的一天。现在，止损对我来说，已经变成了机械式的、轻车熟路的事情，操作起来几乎没什么感觉，就像做着最平常的工作。当止损错误、价格再次向上突破时，我会毫不犹豫地再次买进，投身冒险之旅。

其实，炒股就是一场冒险，对于结果和旅途中的变化，我们都没有十分的把握，每次交易，我们都无法确定是否赢利，即便赢利了，我们也难以决定是立即出场还是持有观望，更何况是处于被套状态下的止损抉择。然而，止损却是非常必要的。虽然这是一项相当复杂的技能，但无论多难，我们都必须把握。

追根溯源，箱体理论从诞生之初，就是自带止损的。没有止损的箱体理论，不是正确的箱体理论。

止损有其好处和坏处，所以人们的看法不一。

典型的情况是，基本面分析派不太重视止损，其中以巴菲特最为著名，他看好的股票，只要是上市公司的基本面没有发生明显恶化的情况下，越跌越买，下跌过程中不断加仓，持仓不怕被套，不止损。一句话，只要公司基本面不发生根本性的改变就长期持股。

与巴菲特相反，技术分析派则特别重视止损。"不设止损就不进场，设了止损必执行"是铁的原则。买入股票的第一件事，不是看它会涨到哪儿，而是看它会跌到哪儿，即便是认为十拿九稳的股票，也要设定止损位，并且无条件坚决执行。箱体理论的发明者达瓦斯就是最重视止损的典型，他对跌破止损价的股票坚决卖出，毫不犹豫。

本书把止损分成两种，一是"止损"，二是"止赢"。前者是买错了，损失一点钱出局；后者是买对了，在适当的价位获利离场。

止损和止赢，是箱体炒股法不可分割的组成部分。

二、止损的好处和坏处

止损的坏处是显而易见的：它让你避免重大亏损的方式是诱惑你不断承担小的亏损。你每一次止损都会损失一小部分资金，这样积少成多，最终结果可能损失惨重，比被套住的账面损失还要惨重。

假设不幸的你所选的股票都不给力，资金从一开始就一直在每只股票上止损，你的资金每天都在不断减少，你每天都必须克服资金减少带来的压力，一直坚持到某一天碰到了一只能赢利的股票，并且赢利必须能够弥补之前全部的止损损失。

很多人拒绝止损的根本原因就在于这里，他们对这种赢利没有把握。

人们为什么喜欢被套呢？因为被套不动似乎有明显的好处。

首先，它避免了你把资金换到新的股票里不断止损的损失。如果被套住之后就地卧倒，就避免了进一步的行动，也避免了行动带来的止损风险。其次，你还可能熬到解套的一天，那样相当于用时间换来了资金上的赢利。

不要认为这是一种愚蠢的方式，从形式上说，巴菲特似乎就是这么做的。

最后，在每天止损的过程之中，你不但要克服心理上的恐惧，你还要克服心理上的惰性，这些心理让你不敢继续出手买股，反而感觉被套是一种更好的选择。

前面说过，止损曾经是我最大的心魔，直到有一天，当我认识到"止损是勇士的行为，我必须是一个勇于拼搏的人"时，我才真正从这种不断亏损的过程中熬过来了。

在2018年的一次讲课间隙里，一位年轻的女学生问我："老师，我知道止损很重要，但是我的本金很有限，一个月的工资才几千元，您能不能告诉我您的诀窍，因为我真的亏不起啊！"我明白她误认为我保留了什么不传之秘，于是真诚地对她说："听着宝贝，如果亏不起一个月的工资，如果你把家里的全部老底拿出来也没有多少钱的话，那你真的就没有办法进入股市玩一把啊！"

看着她非常郁闷地转身离开，让我感觉有点内疚，虽然我说的是大实话。

其实，哪怕是现在我也想让她明白，如果没有足够的资金支持的话，止损的过程会把一个人搞破产，但是不止损的话，真的没法运用技术赢利！

还有一次，有个学生私信我："您讲课时说，参与到市场博弈里面至少要承受得起一两个月工资的亏损，至少要亏得起几千元，这一点让我很受打击，因为我们现在能输得起的钱只有几百元，这让我只能做便宜的股票，每次也不能买得多，针对这种情况，您能不能给一些其他的建议呢？"对此，我只能又一次无奈地回答："如果我自己只能赔得起几百元的话，那么我根本就不会进行股票操作。"

所以，如果我们的选股、买股的方法胜率不高，我们会把本金亏光也赚不到钱，与其如此还不如被套。

这个结论的意思就是，对于初学者，对于那些还没有完善的选股和买股方法及本金很少的人，甚至对于那些基本面研究顶尖专家来说，被套后原地卧倒，也算是一种没办法的办法。

作为技术派的炒股人士，止损是箱体操作不可缺少的必须部分，这有几个原因。

1. 认为箱体操作的胜率很高，高到能够超过赢利之前的全部止损。例如箱体的发明者达瓦斯，当然，还有我。

2. 忍受止损的小损失，比在熊市中被深深套住强百倍。

关于这一点，大部分人都是认可的。以我自己为例，我从最近七八年的操作中发现，只要坚决地执行止损操作，确实成功地躲过了诸多大熊股包括熊市。

案例一 以最近一次操作大通燃气（000593）这只股票为例，我前后进去了三次，第一次是亏钱止损跑出来的，后两次是赚了钱出来的。每一次的进出，所用的箱体分析的方法都是相同的。

例如，第一次我是在 2018 年 3 月 12 日进去的，原因是箱体中出现了上品，小仓位试盘。此时大趋势还在向下，我就是为了搏一个反弹。然而，最终并没有反弹，股价只是在下跌趋势当中做了一个中继，随后继续大幅下跌，结果是 7.30 元进去，于两天后 7.11 元左右出来，此次操作宣告失败。见图 4-2-1。

图4-2-1 大通燃气（000593）

我们在进行箱体分析和操作时认为，失败了并不可怕，可怕的是不会止损，舍不得割肉出来，结果却越套越深。此例就是如此，如果这一次我没有在3月14日这一天割肉出来，那就不是亏一点点的问题了，那是要面临被腰斩。

第二次建仓，我是分别在7月9日周一和7月10日周二进去的。原本在7月9日埋伏进去的时候并没有抱太多的幻想，但是7月10日的突破放量上涨走势增强了我的信心，所以在这一天还进行了加仓。股价在接下来的三天里连续涨停，甚至上涨价格超过3月12日我被套住的点位，但并不能说我在3月14日那天的止损是错误的，因为那次不止损，现在就只是解套，而不是赢利。

案例二 2019年2月25日上午，久其软件（002279）的股价突破了箱体的上沿，这天上午我以7.95元买入，原因并不仅仅是因为股价突破了箱体，而是因为在突破之前，股价的走势已经在箱体中出现了一个下品，这就是我在突破当天买入的重要理由之一。然而事情并不顺利，第二天主力并没有上攻，而是在破箱后又做了一个回箱的动作，回箱意味着后期走势具有不确定性，所以我就进行了止损，但是并没有放弃追踪这只股票。令我欣慰的

是，股价后续的走势，显示主力本次的回箱操作属于一次快速拉升前的洗盘。3月5日这天，主力正式放量突破，我重新买入，后续的走势证明了我操作的正确性。见图4-2-2。

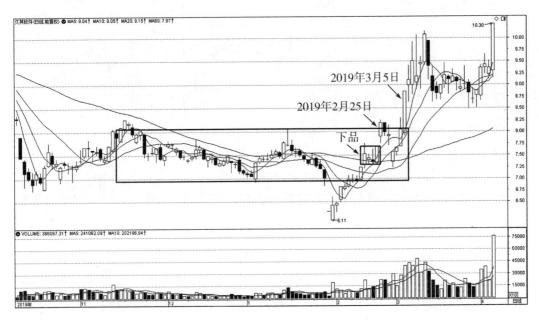

图4-2-2　久其软件（002279）

案例三　对于新五丰（600975）的操作，一开始我也运用了止损，有些小损失。这只股票在 2019 年 1 月 24 日之前，在箱体之中已经形成了明显的上品走势。1 月 24 日这一天，股价温和放量拉升，我也不慌不忙地买入。买入时原以为它当天就会拉升，然而事与愿违，主力只是试了一下盘。随后的第二天，股价并没有按照我预期的继续放量上涨，而是收了根阴线，这其实是非常正常的走势，但是我在盯盘时，明显感觉到股票的动能在衰减。根据经验，我知道这只股票很大概率不会这几天拉升了，所以这几天伴随它的就是充满不确定性的风险，所以我干脆就止损出局，有一些小的亏损，但出局观望的状态让我感觉心里踏实。我每天都有意无意地看这只股票一眼，然后发现在我止损出局后的几天里，这只股票竟然做成了一个天品，并且量能逐渐萎缩，这就让我紧张起来了，我开始密切关注这只股票的走势，因为天品意味着即将变盘。2 月 11 日，该股在早上 10 点出现了买点，我果断买入，获得了一次中线收益的机会。

图 4 - 2 - 3　新五丰（600975）

三、构建箱体保护网

箱体理论无法完全避免亏损，此时就需要"止损"这个"安全网"来进行保护了。

箱体理论为什么无法完全避免亏损呢？有几个原因。

第一，有些股票的某段走势不适合用箱体理论去操作。

第二，一个人对股票的分析，有很多判断都是错的。

第三，市场的趋势制约箱体。

当处于典型的牛市时，箱体理论的胜率很高，但当大势从牛转熊时，箱体理论的错误率逐渐增加，因此，通过止损指令被触发的频率，就可以看到牛熊的转换而躲过熊市。

因此，箱体理论中的止损的好处一目了然：（1）止损是补救错误的安全网。（2）止损是牛市中增加资金效率的方法。（3）止损让你不必研判大势就躲过熊市。

（一）系统化止损的概念

假设现在我们已经下定决心使用止损，已经决定忍受止损的诸多让人闹心的坏处去享受它的好处了，那么，在深入讨论如何设置和使用止损之前，我们还需要在心里树起一个基本的信念，那就是要系统化地使用止损。

什么是系统化地使用止损？

1. 为每一个买单设置止损，没有例外。

2. 为每一天的持仓设置止损，没有例外。

3. 坚决、无条件、傻瓜式地执行止损，没有例外。

第一条和第三条很容易理解，每次买入股票之后马上为新的持仓设置止损就可以了，一旦股价下跌到止损价以下，就坚决执行止损。

关于第二条，"为每一天的持仓设置止损"，其实就是滚动止赢。

当你的持仓有了赢利之后，每天你都要看一看是不是需要把止损价位上移，需要就上移，这就是滚动止赢。

在箱体理论中，滚动止赢就是当股价上升到新的箱体中时，止损价就上移到新箱体的下沿处。

止损给人带来痛苦，止损让人产生犹豫和动摇。系统化的止损就是"止损没法则"，无论多么纠结和痛苦也要执行，毫无例外。

现在人们经常谈论交易系统在投资中的重要性。什么是交易系统？无非就是把选股、买入、止损和止赢、卖出全都系统化了而已。

（二）如何设置止损

在我们讨论破箱与回箱的部分之中，曾经讨论过达瓦斯所倡导的"破箱买入、回箱止损"原则。然而我们已经知道，达瓦斯的止损方式，还没有很好地处理"箱交箱"的关系。那么接下来我们将深入讨论止损的设置原则，我们要在达瓦斯理论的基础上尽量减少无效止损，以增加收益和减少止损的损失。

首先了解一下股票在整个上升趋势的过程之中，箱体间的关系是如何演化的。

理论上说，一只股票的上升趋势，是从底部大箱体被突破之后开始的。

整个上升趋势可大致分为三个阶段，即初期阶段、中期阶段和后期阶段，后一阶段的上升速度都快于前一阶段，原因就在于左方同价位的参考点越来越远。

加速就意味着寻箱线越来越长，所以在这三个阶段之中，相继诞生的箱体，它们之间的关系基本是初中期是相交的关系，中后期是相邻或相隔的关系，在整个上升趋势中，越往后寻箱线越长。见图4－2－4。

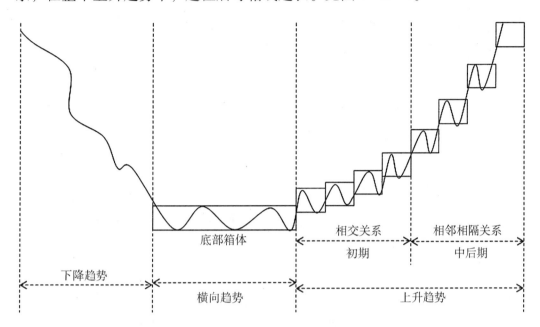

图4－2－4　上升趋势中箱体间的关系

在实际的股票走势中，这样的情况比比皆是。例如，图4－2－5是置信电气（600517）的走势。

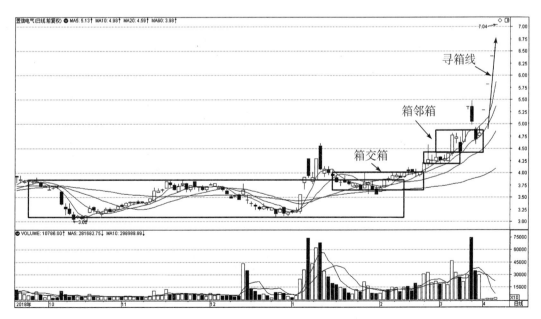

图4－2－5　置信电气（600517）

　　股价突破底部箱体之后，最初的新箱体与原来大箱体是相交的关系（箱交箱）；后来上升加速了之后，箱体间的关系就变成了相邻的关系（箱邻箱）；而到了最后，出现了很长的寻箱线，这样一来，上方再出现的新箱体，与之前箱体间的关系自然就变成相隔的关系了。

　　上升趋势中的后期，就是我们所说的"主升浪"时期。

　　达瓦斯所操作的股票，都是在确认了上升趋势之后，在上升趋势的中后期买入的。这样一来，虽然他放弃了上升趋势初期的不少利润，但是其"破箱买入、回箱止损"的方法，针对的大多是相邻、相隔关系的箱体，其成功率就变得比较高了。见图4-2-6，图4-2-7。

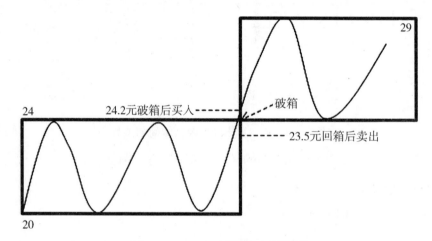

图4-2-6　相邻箱体止损设置

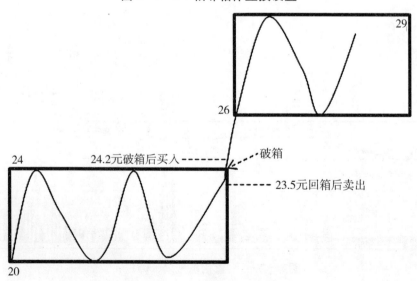

图4-2-7　相隔箱体止损设置

　　达瓦斯买入股票之后设置止损的原则是，止损价尽量接近买入价，尽量接近之前箱体的上沿，他说：

　　假设我们拿一只处于35—40美元的箱体里的股票作为例子，……通过观察股票的走势和运用箱式炒股方法，我就知道，一旦这只股票突破了40美元的价格，就会产生无限上涨的趋势，……于是我在40.13美元的价格上设置了一张到价买单。……在设置40.13美元的到价买单的同时，我应当在39.88美元的点位上再设置一张止损卖单。

　　达瓦斯认为，止损价应该尽量接近买入价，他评论自己的典型战例之一"劳瑞拉德"时说：

　　……劳瑞拉德在这个时候处于24—27美元的箱体当中。从过去的表现可以知道，如果它突破了27美元点位的话，它可能会上涨至少3—4个点。因此在劳瑞拉德仍旧顽固地在它的箱体中来回弹跳、坚持抗拒其他股票出现的下跌趋势的时候，我给我的经纪人发回电报，设置了一个执行价格为27.5美元的到价买单和一个执行价格为26美元的止损卖单，我要求的交易量为200股。

　　从上述指令可以看出，我当时并没有完全遵循我的箱体理论。如果我遵循的话，我应当将止损指令的价格设置得和购买价格尽可能地接近。但是我还没有完全开发出这套方法，因此想着最好能给股票错误的波动预留出一点空间来。

　　达瓦斯推荐的止损原则，就是"破箱买入、回箱止损，止损价尽量接近买入价"原则，这种原则在操作上升趋势中后期的股票是可以的。

　　这里我们要注意一点是，哪怕是在上升趋势的中后期操作股票，也并不意味着当我们止损之后，就不再按照原则再次买入了。我们要把"破箱买入，回箱止损"分成两部分，即"破箱买入"是一个原则，"回箱止损"是另外一个原则，互相独立执行。

　　例如我的许多成功的操作，其实都是经过反复的回箱止损、破箱后再次买入才成功的，在这个过程之中，我决不会因为前次的买入错误而放弃下次的买入，原因就在于，一只即将发动主升浪的股票，可能会经历多次的破箱回箱。

经历过无数次的实践之后，尤其在创立了金品战法、假底理论之后，我的买入成功率越来越高，通常经历一两次买入和止损后，大多会因再次买入而获得成功。

既然"破箱买入、回箱止损"的原则往往只适合操作上升趋势中后期的股票，那么该原则能不能参与到上升趋势的初期中呢？

我认为，如果未达到职业短线操作者的水平，未达到一眼就能大概看出一只股票的股性的话，操作上升趋势中的初期阶段，其实是不明智的。

第一，上升趋势的初期很难判断，只有在上升趋势的中后期时，你才能回过头去看到哪个阶段是整个趋势的初期。

第二，市场中如果有很多参与其他股票的主升浪的机会，为什么还要参与当前股票上升趋势的初期呢？

第三，在上升趋势的初期，由于箱体大多是相交的关系，达瓦斯所推荐的"破箱买入、回箱止损"的方法经常会失败。

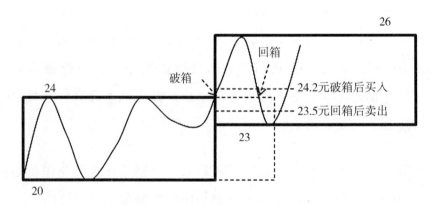

图4-2-8 相交箱体止损失败

从图4-2-8可知，止损失败的原因不在于趋势的完结，而在于箱体的相交关系。

那么"破箱买入、回箱止损"原则能不能参与到上升趋势的初中期阶段呢？

回答显然是否定的。

首先，市场在回暖的初期，只有少量刚刚开始上升趋势的股票可以参与；其次，哪怕在上升趋势的中后期，箱体间的关系也不完全是相邻和相隔的，关于这一点，只要看看那些缓慢拉升的大牛股就知道了。

那么我们怎么为缓慢拉升的、箱体间往往是相交关系的股票设置止损呢？有两种方法，一是利用假底，二是利用斜箱。

我们在第一章中已经详细讨论过，假底的意义在于，它在很大程度上可以预测下一个相交箱体的底部。这样一来，我们只要把买入后的止损价格设置在假底的位置就可以了。见图4-2-9。

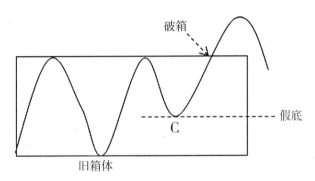

图4-2-9　以假底价格C设置止损

怎样利用斜箱设置止损呢？

斜箱包含了诸多相交的箱体，本质上是上下沿构成了上升通道，因此它已经解决了上升趋势缓慢期的止损问题，只要在股价跌破其趋势下沿的时候止损就可以了。见图4-2-10。

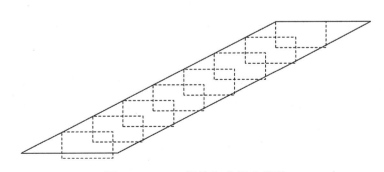

图4-2-10　斜箱包含相交箱体

（三）滚动止赢的设置

我从自己和他人的炒股经历中发现，如何持股是一个重大的问题。对我来说最困难的问题在于，约束自己不要那么迅速地卖出正在上涨的股票。因为我的胆子非常小，所以总是赚了一点钱就把股票迅速卖出。不管什么时候，只要我以20元的价格买入的股票涨到了25元，我就会十分担心它可能跌回去，结果急急忙忙地卖出。我明知道什么是正确的做法，但却还是难以摆脱持股时的恐慌，最后不可避免地朝不理性的方向行动。

既然没有办法让自己每次都摆脱恐慌，那么就必须采用另一种方法。我后来才发现，包括达瓦斯在内，高手们都使用滚动止赢的方法。那就是持有一只正在上涨的股票，但同时保证止损卖出单的止损价与股价一起同步上提。这个方法的原则在于，把止损价与股价的差价设在一个合适的范围，这样一来，股价的小幅波动不会触及止损价。如果股价开始掉头向下触及了止损，这时才需要立即卖出。

我发现，采用这种办法之后，我能够很好地克服持股的恐慌，因为我知道，由于止损跟随着股价的上涨而上涨，我就永远只会损失小部分利润，从而保住大部分利润。

所谓"滚动止赢"，就是止损价与股价一起同步上提。

滚动止赢的本质，就是止损价跟随股价的上移。

这里需要强调的是，止损价对股价的跟随只限于一个向上的方向，它不能随着股价的下移而下移，否则股价就永远跌不到止损价。

滚动止赢的操作，是把止损价与股价的差价设在一个合适的范围，股价的小幅波动不会触及止损，而股价的向下反转却可以触发止损。显然，这里的难点在于，这个"合适的范围"是什么。

其实，这就是如何设置止损价位的问题。我的办法是，止损价永远处于上升趋势最高箱体的下沿处，或止损价永远处于最高箱体的下沿处。见图4-2-11。

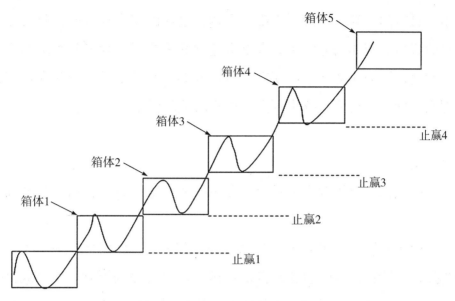

图4-2-11　止损价滚动设置位

如图4-2-11所示，当股价运行在箱体1中时，止损价处在该箱体下沿下面一点点的"止赢1"处，当股价运行在箱体2中时，止损价上提到"止赢2"，仍然处于箱体的下沿下面一点，如此类推。

注意在图中，当股价运行在箱体5中时，止损价还没有上移，因为箱体5的下沿还没有确定。

如果一只股票的价格上升到一个新的箱体里面之后，我们并不知道它将在这个箱体里面逗留多长时间，也不知道这个箱体需要时间验证的下沿何时出现（因而无法设置滚动止赢），此时我们面临一定的顶部V形反转风险。

如果是每天盯盘的人士，可以不依赖所设置的滚动止赢线，即在箱体的下沿出现之前就把股票先卖出去，以获得暂时性的较大利润。

注意，暂时的离场撤退，有几个前提条件：（1）短期箱体上沿已经获得了三天的时间验证；（2）卖出之后必须继续观察，找出箱体的下沿确认止赢，同时在观察到上涨趋势尚未完结——例如假底出现——之后再买回来，或当股价再次突破箱顶时再买回来。

上述第二个前提非常重要，否则你就事实上放弃了一个处于上升趋势之中的股票了。

对于暂时的手动止赢，往往依赖丰富的经验。例如，当我发现手里的一只股票经过时间验证，连续三天都没有达到之前的某个高点时，就可以定位出这只股票所处箱体的上沿了。在上沿建立起来之后，我经常采取的措施就是赶快卖出，因为这通常可以获得一定的利润，并且不会耽误我在适当的时候再把它买回来，还使我腾出资金去操作其他的股票。

小　结

本章中我们介绍了两个最重要的股市分析和操作方法：向左参考和止损止赢。

向左参考原则揭示了股市（包括其他一些市场，如期货市场）价格运动的一种原理：价格的运动会受到其前期运动历史的深刻影响，前期成交越密集的区域对当下的价格运动影响越大，越容易形成压力或支撑。这一原理对于大行情的启动和研判至关重要。

本章还充分讨论了止损和止赢的问题。止损和止赢，其实本质上是遵循同一种原则的卖出操作。

止损的坏处是显而易见的，即少损失变成更大损失时，我们可能坚持不到赢利就破产了。为了避免这种情况的发生，我们需要通过选股和买入的环节来努力消除它的坏处。

本章的最大目的是要传达止损的好处，即它能修正我们不可避免的错误；也是操作主升浪时高空作业的安全网；它能免去我们研判大势的一些痛苦和麻烦，并让我们有比较大的可能提前躲过熊市。关于这一点特别重要，因为无论在止损时亏了多少小钱，总比被套在熊市初期的顶端要好很多。

金品战法之
箱体擒龙捉妖

红指妙奕

第五章　上升趋势选股

我没有理由卖出一只正在上涨的股票。我要继续持有。

——尼古拉斯·达瓦斯

我曾经认为，炒股的关键主要在于选股，那是一项神秘的技能，只掌握在一些超级高手的手里，这些高人可以看到股票的大底，然后重仓买入，一路持有到高点。一度我还曾经迷信地认为，一些超级短线高手可以精确地预测次日的涨停，从而使自己的资金短时间内快速翻倍。然而现在我明白了，股市中的参与者，其实都像你我一样属于凡人，包括巴菲特、索罗斯、利弗莫尔、达瓦斯在内，这些站在股市巅峰的人，也同样是经常犯错误的凡人，那种神秘而伟大光荣正确的人，在这世间根本就不存在。

我发现，无论我掌握了自认为多么精确的选股方法，也无论我选出了最终证明多么优秀的股票，选股之后的操作都是一个艰难的过程。

然而事情的另一面却是，达瓦斯创立的箱体理论和基于其箱体理论的选股方法，确实能够给我们带来适当而稳定的利润。

箱体理论的选股方法经历了时间的考验，它的选股方法并不神秘，其基本原则就是趋势、箱体、成交量等。

我想强调的是，箱体理论是一个整体，选股理论是箱体理论不可分割的一部分。我们只有在全部掌握了选股、止损等理论之后，才能在此基础之上有所改进和提高。

　　基于箱体理论的选股方法不止一种。一种是"黑马基因"选股法，可以归类为底部区域选股的方法。这种选股方法注重发现股票的大底，被套的可能性极低，非常适合于厌恶风险的炒股者。其缺点是操作的是上升趋势的初期，一开始时赢利的速度通常相对慢一些。

　　另一种箱体选股法，针对的是上升趋势中后期快速上涨时期，风险和收益都被放大了，赢利速度加快，但对包括止损在内的各项能力要求比较严格。箱体的发明者达瓦斯先生使用的就是这样的选股法。这种方法的缺点，除了风险大之外，还放弃了上升趋势初期的大量利润。

　　这样的选股方式，用我们今天的眼光来看是那样地眼熟，其实就是只选择即将进入主升浪的股票，这样的股票在很大概率上还是市场的龙头股。

　　这其实也是我国股票市场上少数能够赚到钱的中线高手们首选的方法。

　　当然，利用箱体理论的选股方法，在选股时还要参考一些其他方面的条件，例如成交量和股票基本面的信息等，其中，我们对成交量方面的关心远远大于对基本面的关心。在基本面方面，考虑到市场信息的分歧本质，我们只须稍微查看一下公司长期发展的可能性，例如上市公司的业务是不是与工业4.0、5G、机器人、3D打印等世界经济发展的大趋势有关，短线操作者要特别关注重大的并购重组等信息，而对于公司财务数据等短期因素，一般不必过多考虑。

　　其实，箱体理论的选股方式，除广泛涉及箱体之外，许多都与技术分析派通用的视角相合。

　　本章我们将系统研究箱体理论的选股方法。

　　在深入研究之前，我们先对本章选股的总思路进行一下概括，即：一选趋势，二看历史高点，三看成交量，四看金品，五看长期基本面。在这几项里，第五项是可选项，但平时也需留心。

　　当然，我们还须再次强调，箱体理论在牛市中的成功率是最高的。

　　另外，由于本章涉及技术面的东西比较多，所以我们会在很多地方提出选股的公式和指标，便于读者在数千只股票中进行选股时作为参考。

　　下面，我们就先从趋势选股开始吧。

第一节　趋势选股

如今，我们的炒股条件比当年达瓦斯的条件要好太多了。

例如，我们有着方便至极的诸多选股手段，如果我们想要选出符合某种条件的股票，只要写出相应的选股公式，再巧妙运用行情软件中提供的各种选股机制，大概一分钟的时间，软件就能帮我们选出这些股票。

达瓦斯当年的条件就差得太多了，他在选股时，主要参考的是过时的印刷品。如纽约的斯蒂芬斯出版的《股票图形》、标准普尔的《股票指南》，以及《巴伦周刊》和《华尔街日报》。

显然，使用印刷品选股时，不可能快速、方便且及时地选出市场中符合我们思路的股票。

然而，写过选股公式的人都知道，选股的思路是所有方法和公式的基础。

经典箱体理论选股的基本思路，就是只选择那些处于上升趋势中的股票。

为什么一定要选择那些处于上升趋势中的股票呢？为什么不选那些长线投资者们看好的处于底部水平趋势的股票呢？为什么不选暴跌、超跌的股票呢？因为箱体理论从其诞生时起就不是为处于下降趋势或底部水平趋势的股票设计的。

为了最大限度地避免被套，快速获取利润，我认为必须抱着一种完全现实主义的态度，只买入明显处于上升趋势中的股票，无论它是处于长期上升趋势还是短期的上升趋势（超跌反弹时就经常是短期趋势）。如果对众多的股票进行观察就可以很清楚地发现，我们只应该买入一种类型的股票，就是那些价格实际上正在上涨，或者有希望在不久的将来上涨的股票。我们所参考的主要基础，是到目前为止该股票的正面表现：它应该处于上升的惯性当中。对我来说，最重要的是能够看出趋势，并且能够最大限度地利用它自身的惯性。因此，更加合理的做法，是选择那些已经通过实际走势展示出未来趋势的股票。简而言之，我们应该把股票统统看作赛跑运动员，并且通过运动的现状来判断其前途。这意味着必须放弃那些乏力落后的选手，即使在早期他们可能还跑在前头。要把注意力集中于少数几名能够实际超越自身的种子选手身上，它们应当一直都显得精力旺盛，毫无颓势。

其实，只买那些处于上升趋势中的股票，这种想法就是很多中短线操盘手的想法，它与那些总想"买在最低点""抄大底""买便宜股票"的散户思维相差甚远。

我曾建议一位邻居小妹买入万科 A（000002）股票，买入时间是 2017 年 9月 14 日，买入价格是 26.88 元，止损设在前期大箱体的顶部下面一点，即24.8 元。我自己并没有买入这只股票，建议小妹买入这只股票的原因是她没有时间看盘，所以就根据万科 A 当时的趋势给她这样的建议。见图 5 - 1 - 1。

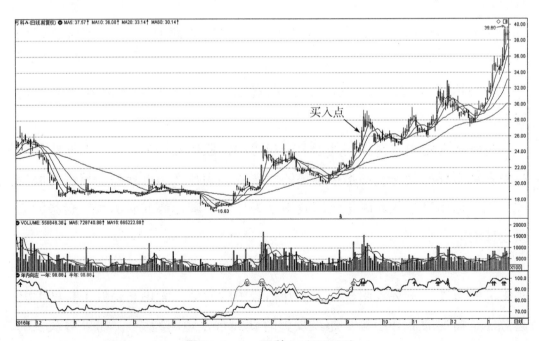

图 5 - 1 - 1　万科 A（000002）

图 5 - 1 - 1 中的箭头所指的地方就是买入点。从图中可以看出，小妹在买入之后两三个月都没有大幅赢利，过山车坐了几次，许多时候还是被套着的，只是因为没有达到止损点而没出来。买入的明显理由之一就是趋势，当然读者可能也注意到了，向左参考的年内信号已经在下面的指标里出来了，所以趋势已定，多数套牢盘已经解套，这就是我建议她买入的理由。当然，小妹后来在主升浪刚开始的时候就卖掉了这只股票，价格是 35 元左右，并没有拿到最高价，也违反了卖出的原则。但是遵照趋势买入，对中长期而言保证了最基本的资金安全。

道理很明显，既然股票已经处于上升趋势之中了，那就说明最低的"大底"已经过去，为了享受趋势带来的安全性，已经把那些"大底"舍弃掉了。万科 A 这只股票，我一位朋友说应该在那个最低的 17.5 元左右买入，这样那个小妹可以赚到翻倍，但我是不会那样去建议小妹的，因为我不是神仙，在趋势没出来的时候会感觉不安全，为了安全还是以牺牲"大底"为代价的。我认为，应当购买那些价格上涨的股票，而不是便宜的股票，并且卖掉那些价格下跌的股票。

在箱体理论中，上升趋势其实是以股价从一个箱体向上发展到更高的箱体的形式构成的，而箱体是要经历一段时间的震荡的，因此箱体理论关心的是股票的中长期趋势，这样一来，我们就更会远远地抛弃了股票的"大底"和底部区域。

趋势是走出来的，这意味着你没办法在它刚刚开始的时候发现它，你只能在它走出来相当长一段时间后发现它。我们所关心的正是这样的长期趋势，因为长期趋势能够告诉我们，股价接下去的走势还会按照之前的趋势进行，这就是趋势选股的根本原因所在。偶尔观察股票价格的变化是没有任何意义的，但是通过考察长期趋势，就能看出一些端倪。在这种看似杂乱的变动中其实存在着章法，至少有些是披着秩序的外衣的。长期的价格走势并不像它看上去的那样离奇古怪和杂乱无章，而是可以被归结为一种箱体间相交、相邻、相隔的运动轨迹，股价往往从一个箱体移动到另一个箱体里面，接着股价可能会进入下一个阶段，方向到底是向上还是向下是和已经存在的趋势相关的。

至此，假设我们已经同意趋势选股的思路，放弃了"抄大底""买在最低点"的想法之后，选股就变得相对容易了。

例如，从技术分析的角度来说，一段时间之内处于上升趋势中的股票，技术上的典型表现就是，股价在这段时间之内的多数时候处于某个均线的上方（例如处于25日均线的上方）。

这样一来，选股就变得非常容易了。我们以通达信交易软件为例，选股的基本公式可以这样写。见图5-1-2。

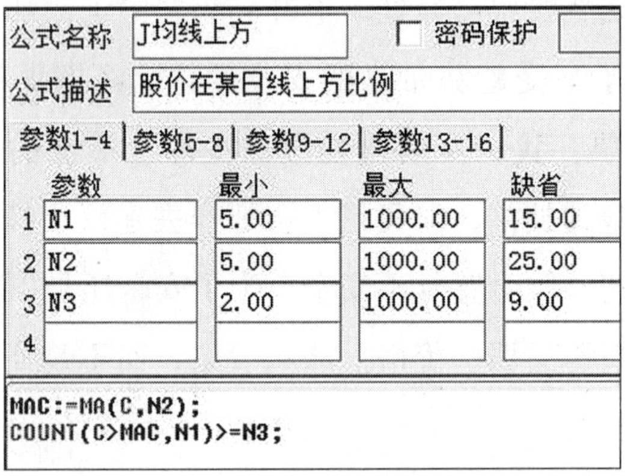

公式名称	J均线上方			□ 密码保护	
公式描述	股价在某日线上方比例				

参数1-4 | 参数5-8 | 参数9-12 | 参数13-16

	参数	最小	最大	缺省
1	N1	5.00	1000.00	15.00
2	N2	5.00	1000.00	25.00
3	N3	2.00	1000.00	9.00
4				

```
MAC:=MA(C,N2);
COUNT(C>MAC,N1)>=N3;
```

图5-1-2　趋势选股公式示范

为了直观起见，上面简单公式的参数精灵可以这样写。见图5-1-3。

Param#0天内，股价在Param#1日均线上方的次数不少于Param#2

图5-1-3　参数精灵设置

这样，选股时你所看到的东西就很直观了。见图5-1-4。

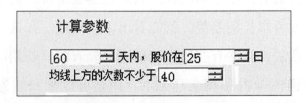

计算参数

60　天内，股价在 25　日

均线上方的次数不少于 40

图5-1-4　参数精灵示范

如此就能选出在 60 天内大体处于上升趋势的股票了。

当然，我们不但要求股票在最近 60 天内处于上升趋势，我们还要求股价在最近 15 天内必须处于上升趋势，这样可以避免选到那些最近走势已经下滑的股票。

通达信软件（以及其他许多交易软件）为我们提供了条件叠加的选项，我们可以像图 5 - 1 - 5 这样叠加使用上面的选股公式。

图 5 - 1 - 5　叠加条件趋势选股

例如，2018 年 8 月 19 日，在大盘处于 2668.97 这样低迷的点位时，在剔除了当前未交易品种和 ST 品种之后，软件能在半分钟内轻易选出 37 只符合条件的股票。见图 5 - 1 - 6。

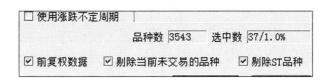

图 5 - 1 - 6　轻易选出 37 只股票

第二节　破历史高点选股

本节开始部分已经说过，选择上升趋势的股票只是箱体理论选股的第一步。如果你是一位不那么挑剔的人，不在乎长时间的持股，不要求抓住最快速的主升浪，那么前面的趋势选股方法，已经可以满足你的基本要求了。

然而，当我们处于机会众多的市场时，当我们选股的办法浪费不了太多时间时，我们当然会要求更高，因此我们有了选股的第二步，那就是在第一

步初选的基础上，再选出那些向左参考负担最小的股票，即那些已经或即将
突破历史最高价的股票。其实，当市场处于牛市之中，趋势选股法会选出很
多的候选股，但真正值得我们关注的股票，是处于上升趋势之中那些打破了
所有之前纪录的股票，这些股票不仅价格步步高升，而且处于有史以来最高
的价格箱体当中。

破历史新高的股票最容易出现在新股中，因为新股的历史包袱最小。

2017 年 2 月 17 日，江阴银行（002807）破了历史新高，然后就在这个
高位区开始构筑箱体，典型的向左参考构筑箱体。见图 5 - 2 - 1。

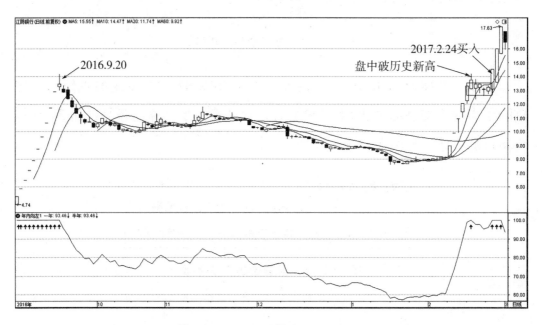

图 5 - 2 - 1　江阴银行（002807）

图 5 - 2 - 1 中，箭头所指 K 线已经破了历史新高，"年内向左"指标已
经发出了信号。从这一点向左看，对应的点位是该股上市后第一次开板 K
线，即 2016 年 9 月 20 日，那天的换手率达到 65%，可以看出在当前的点位
套住了很多人。主力为什么要给所有人解套呢？主力的成本又在哪里呢？经
过种种分析，我感觉主力的成本应该在 13.4 元左右，主力把价格拉上来的
目的首先是为自己解套，但事实是主力先把众人解放出来了，自己能不能解
套还另说。当天我犹豫再三也没买入，毕竟是周末，万事未决，所以我决定

观察几天看有没有理应出现的"向左参考箱体"，如果有的话我再买入也不迟。

第二周的周一（即 2017 年 2 月 20 日）开盘后，预期中的箱体走势果然出现了，当天最低价甚至打到 15.09 元，但是收盘后全天是缩量的。周二继续缩量运行，最低价未破昨天最低价。第三天仍然缩量，略为下跌。第四天却略为放量上拉了，并且是尾盘放量急拉。经过这几天的复盘分析，我已经想要进去建仓了，毕竟假底已经出现，并经过了验证。缩量的走势，对于自 2016 年 9 月 20 日开板以来的大箱体来说，明显形成了上品，所以我决定 2017 年 2 月 24 日就买入。最后结果是在三天内赢利 30% 多，这就是破历史高点选股的好处——容易抓住主升浪。

在第四章第一节"向左参考与上升趋势"中我们已经讨论过，当股票已经向上突破了历史高点之后，对左边历史高位继续纠缠，股价向上运行的压力就只剩下获利盘了。此时，全场或者没有被套盘（如刚刚上市的新股），或者全场的被套盘都获得了解放。

在那些喜欢在低点买进的股民眼里，此时的股价实在是太高了，"已经错过了底部买入的时机了"。然而对于那些把股市当成赌场的人们来说，或许这样想："那些吃掉了上方全部被套筹码的主力，那些解放了全体被套股民的人，难道他们这样做的目的仅仅是学雷锋吗？难道他们是无私的慈善家吗？难道他们是傻瓜吗？还是他们在解放了'全人类'之后，自己还要再往上拉一拉，造造势，自己也赚一些钱呢？"

威派格（603956）这只新股，主力在 2019 年 4 月 2 日这一天把股价放量拉升到涨停，难道他是为了解放那么多天被套住的人吗？见图 5-2-2。

长航油运（601975）这只新股，主力在 2019 年 3 月 25 日这一天破历史新高解放了全部被套的人之后，接着又连跌了三天，难道 3 月 25 日那天的破历史新高，完全就是为了解放全部被套的人还是主力另有打算，准备大干一场呢？见图 5-2-3。

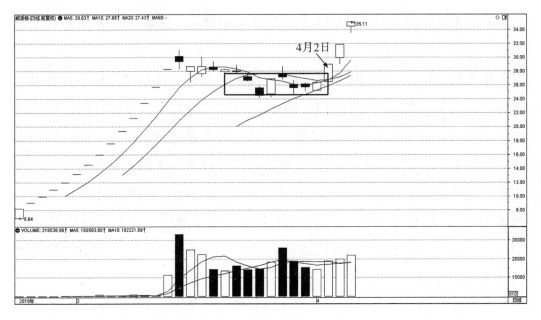

图 5-2-2 威派格（603956）

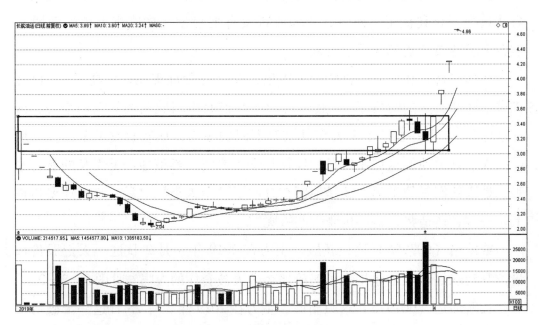

图 5-2-3 长航油运（601975）

新股破历史高点最容易看到，也是股市中最好的机会之一。我们再看一下中国人保（601319）这只新股类似的走势，它在2019年2月27日周三这天，以涨停的方式破了前期历史最高点，涨停后还有很长时间的开板机会，第二天股价还下跌了4.78%，难道主力费这么大的力气，只是想解放全部股

民之后，做一次破历史最高点的一日游，还是另有打算呢？看看 3 月 1 日周
五那天的走势就知道了。见图 5 - 2 - 4。

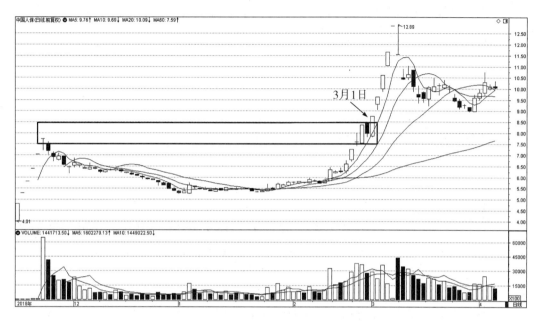

图 5 - 2 - 4　　中国人保（601319）

杰西·利弗莫尔认为，价格总是向着"阻力最小的方向"推进的。我也
出于同样的理由，选择买入那些上升趋势中股价已经处于历史高点的股票。
而那些大跌之后还处于底部的股票，其今后上升的历史负担太重，阻力太
大。例如，假设一只股票原先非常出色，曾经达到过 250 元的价位，如果它
现在的价位是 50 元，并且不再下跌，进行筑底，那么它看上去就会很像一
种处于"大底"的便宜股了。但是，从 250 元的价位下跌到 50 元，意味着
那些在处于或者接近于顶峰的位置上购入该股票的所有人，都会因为不得不
在后来低价割肉而蒙受严重损失，或者因为严重被套而希望在之后的上涨过
程中抛出。这样一来，这只股票在重铸辉煌之前，不但会有强大的心理阻力
需要克服，还会有巨量的抛压需要化解。

对于不会或不能像巴菲特那样精研公司基本面，也不愿意买入后就持股
十年以上的散户来说，不去抓大底，其实是一种拒绝赌博的表现。在熊市
中，价格跌到很低的股票比比皆是，在底部买入后持股等待，就是在赌这只
股票的未来走势。

　　那么如何研判一只股票距离历史高位有多远，又如何在条件选股时选择处于历史高点附近的股票呢？

　　对于会编写公式的人来说，这个问题非常简单。一只股票的历史最高点，在通达信公式中的写法如下：

　　　　历史最高点：＝HHV（C，0）；

当前收盘价与历史最高点的关系如下：

　　　　历史：C/历史最高点＊100，COLORWHITE；

上面是一个介于0到100之间的数值，该值越接近100，说明当前收盘价离历史高点越近。当该值等于100时，说明当前的收盘价就站在历史最高点上面了。

　　其实依据我的长期观察，我国股市中的股票不必等到它涨到历史高点，它只要涨到一年内最高点时，主升浪（擒龙捉妖）就可能开始了。

　　我的看法是股票中每年都有行情，被套一年以上的人，很多已经不看股票了，也就不大会在解套之后抛掉股票而形成压力了。另外一些人，他们忍受不了被套一年的痛苦，所以当股价从底部升到年内最高点并开始震荡时，他们就卖出了。

　　总之，不管我的看法是否正确，但当我对一年、一年半、两年、两年半等各周期的高点进行测试之后，发现A股的股票大多在突破了一年内最高点后，都能开启主升浪，协助我们来擒龙捉妖。

　　这样一来，问题就变得简单了，我们只要编写一个只考虑股价相对于一年最高点的指标就可以了，这是个副图，指标如下（注：大括号 {} 里面是公式注释部分，通达信指标）：

　　　　G1Y：＝HHV（C，220）；{年内最高点}

　　　　GH：＝HHV（C，110）；{半年内最高点}

　　　　一年：C/G1Y＊100，COLORFF00FF；{股价相对年内高点的相对

值｝

半年：C/GH＊100，COLORGREEN；｛股价相对半年内高点的相对值｝

DRAWICON（半年＝100 AND 半年＞一年，98，3）；｛股价创半年新高后，标出一个笑脸｝

DRAWICON（一年＝100，98，1）；｛股价破一年新高后，画一个上箭头｝

这就是我前面几张图中演示的"年内向左参考指标"。根据以上副图指标公式的原理，有经验的读者可以编写出非常多的相关选股公式，例如筛选"即将达到年内最高点的股票""在过去的一段规定时间内第一次破年内高点的股票"……这些公式与前面筛选上升趋势的公式叠加使用，可以很快地选出符合条件的股票。

下面把我常用的一个公式展示给读者，以作抛砖引玉。见图5-2-5。

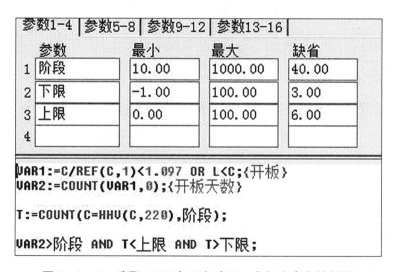

图5-2-5　选取40天内至少破了4次年度高点的股票

此公式选股所要求的条件是，选择在40天内至少4次达到年内最高点的股票。

第三节　成交量选股

我们刚刚研究了箱体选股法的第一步和第二步，第一步进行上升趋势选股，第二步在第一步的基础上筛选已经或即将上破年度新高或历史高点的股票，这些股票最有希望步入上升趋势的主升浪，协助我们来擒龙捉妖。

我们可以根据以上两步的思想写出非常多的选股公式，例如下面的"主升浪初步"公式就是其中之一。见图5-3-1。

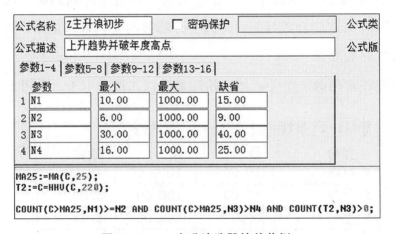

图5-3-1　主升浪选股简单范例

可以看到，这个公式非常简单，其意思也非常明了，在默认参数下，就是筛选处于上升趋势且在近期突破过年度高点的股票，也就是符合之前两个选股要求的股票。

该公式的具体解释是："最近15天内股价收于25日均线上方的天数不少于9天，最近40天内股价收在25日均线上方的天数不少于25天，且在40天内股价至少破过一次年度最高价。"

读者可以改变这个公式的参数，以便选出形态不同的股票，例如选出在顶部区域长时间震荡的股票。当然，也可以自己编写其他公式，只要反映出上面的选股思想即可。

大道至简，采用箱体理论的思想编写出来的公式大多也非常简单。

用上面的公式进行选股时，一台最普通的电脑，耗时也就在一分钟左右，之后读者就可以配合前面的副图指标公式查看选出的股票并做出取舍了。

在 2018 年 8 月 20 日星期一，在大盘那样低迷的熊市里，我用上面的公式也能轻易地选出 20 只股票，可见未来的中国股市将会是多么的结构化。

我们现在可以开始研究箱体理论选股的第三步，考察刚刚筛选出的每个候选股的成交量。

这一步应该手动进行，以便给我们的大脑一个机会，仔细地品评、诊断数量十分有限的每只候选股。

通过上述方法选出的候选股，价格大多处于相对高位的箱体。此时我们要仔细观察它的成交量，因为即将突破的股票，在成交量方面往往表现出不同寻常的活力。主力在解放了所有前期套牢盘之后，在启动主升浪之前的历史关键时点，全场的参与者都处于某种兴奋状态，股票会显示出交易活动的活跃性，成交量持续放大，意味着交易者之间的分歧开始加大。

成交量的放大，其实是换手率的放大，这不仅仅是箱体理论选股的要求，也是多数选股方法的要求。

我们所关心的不仅是成交的活跃，更看重的是成交量的异动。我们要寻找那些一直相对安静，最近却突然间成交量激增的股票。这里的逻辑是任何不同往常的行动都是有含义的。对一只平静的、很少产生交易活动的股票来说，突然发生的成交量放大，往往意味着该股票幕后的主力下定了决心，无论主力有什么稀奇古怪的理由。价格和成交的异动又会产生所谓的"反身性"，也就是能够促进其他人的参与，结果，先前没有多少人感兴趣的股票，会迅速蹿红并成为人们的新宠儿。这里所谓的"反身性"，说的是主力的行为引起了市场的反响，而市场的反响又反过来证明主力当初的行为。我们往往并不知道主力的想法，但等到我们想明白的时候，再采取行动就太晚了。其实，主力有想法这件事情本身，对我们来说就已经算是一个足够强烈的信号了，因为主力和散户是一样的，都会按照自己的想法采取行动，就像分歧的双方各自按照自己的想法行动一样。是这些人的实际购买行动，而不是他们希望购买的那种想法提高了股票价格。

第四节　金品选股

2017 年 6 月 29 日，我买入了昊华能源（601101），见图 5 - 4 - 1 中第三个箭头。

这已经是我在 6 月初以来第三次买入这只股票了。6 月 5 日的早盘时间股价向上突破，我小仓位介入，结果在之后的时间里都被套在里面。6 月 13 日我再次小幅加仓，结果又被套在里面。为什么没有止损出局呢？因为我的止损位设在 7.6 元，那是前期箱体的最高位附近，该箱体突破后并没有跌破这个点位。更重要的原因在于，股价在 5 月 26 日以来就一直运行在 2015 年底以来大箱体的天品当中，并且在 5 月 26 日和 6 月 5 日两天里（图中第一、第二两个箭头所指），"年内向左参考"指标显示了两次年内最高点的突破，种种原因使我在 6 月 29 日这一天第三次加仓。

我发现，如果对箱体中的金品进行仔细的寻找和观察，我们可以大大降低买入后止损的损失，极大地提高成功率。

金品的性质已经如前所述，它不但制造了假底，还让我们有很长的时间验证股价所处的箱体，此期间我们即可从容地考察目标股的其他方面，例如仔细考察成交量的情况，对目标股进行细细的回味和思考，或许能够增加未来持股的耐心，又或许让我们发现一些不该介入的蛛丝马迹。

金品箱体，最重要的就在一个"品"字上，你要品味、体味、回味、品评，即你要花一些时间，用平静的心情和镇定舒缓的节奏，去仔细思考可能到来的实战。这种如闭关修炼一样的时段是非常重要的，因为粗浅而浮躁的心灵是无法炒好股票的。

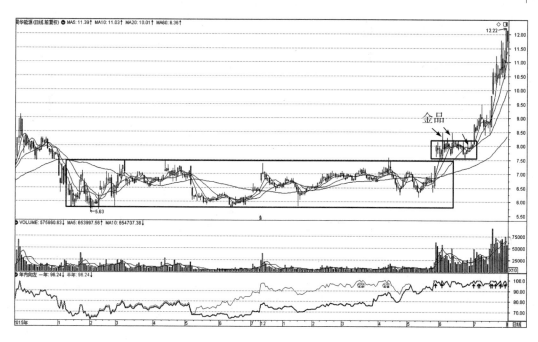

图 5 - 4 - 1　昊华能源（601101）

从图 5 - 4 - 1 中可以看出，我的三次买入有两次被套了（图中的三个箭头所示）。如果没有金品的支持（图中大箱体上面的小箱体），我大概不会熬过两次被套并又第三次加仓。

第五节　对基本面的看法

如果把基本面理解为股票软件之中 F10 里面的信息的话，那么这些信息我是不看的。我所关心的基本面，就是大盘的走势、题材和热点。我认为，题材和热点是一码事，它们所描述的就是主力资金流向了哪里。

5G 概念是一个热点题材。2018 年 11 月 26 日，有四只股票因为 5G 概念这个题材涨停了。我把这四只股票存到了自选股里继续观察，以便抓住后续的机会。这四只股票分别是中贝通信（603220）、盛路通信（002446）、奥维通信（002231）和东方通信（600776）。后来，这四只股票里有两只使我获得了可观的利润，那就是中贝通信和东方通信。见图5-5-1，图5-5-2。

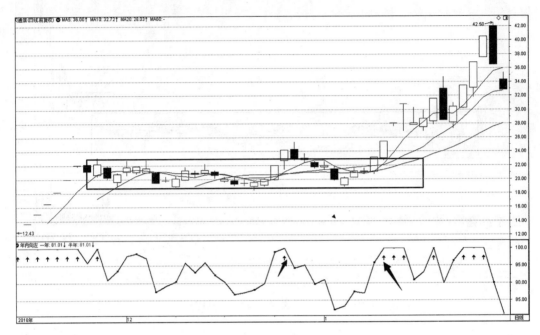

图5-5-1　中贝通信（603220）

图5-5-2　东方通信（600776）

从图中可以看到，给我们带来赢利的股票，它的走势符合我们箱体选股的原则。中贝通信和东方通信，根据向左参考的原理和指标，以及箱体的选股原则，配合炒股软件中的预警功能，是非常容易抓住这两只牛股带来的机会的。

所以热点和题材非常非常重要。股票的主升浪从何而来？股票的主升浪就是形态＋热点题材形成的。题材就是热点，就是当天是否介入的重要参考。K线和箱体等形态方面的信息，只是引起了对某只股票的看点，是一个介入的基础。长期观察哪只股票，当天介入哪只股票，这就需要在当天的热点中找买点了。所以，形态＋热点才有可能形成主升浪，我们才能够擒龙捉妖。

然而，一个题材往往有太多的股票，例如5G题材就有20多只股票，并不是每只都可以赚到钱，所以才需要以技术面的研究作为强大的支撑。对于题材，我们认为，题材的级别越大，人气就越大。一个好的题材，各主力是一定要参与的。对于我们来说，如果题材又好，箱体等技术形态又好的话，这只股票就是好股，一定要放到自选股里，每天复盘进行研究，白天还要用预警提醒自己是不是有突破，是不是到位了。当一个板块或一只股票的题材被大主力发现后，尤其当技术面又已经走好时，主力往往就会点一把火，其他主力资金就会来抬轿，技术派资金也会开始介入，赚钱效应也就起来了，信息也就传开了，其他资金也就进入了，最后，股价被抬高。

小 结

作为一套完整的理论，"箱体"这一简单的"盒子"并不是任何股票中都能运用。许多股票无法成功运用箱体的原因，就在于它无法通过我们严格的选股方法。

在此我想给读者的建议是，不要迷信选股公式，要把主要的精力放在选股思想上面，放在盘中和盘后的分析上面。

对于散户来说，最难的不是找到一种公式，而是我们固执地捍卫原有的思想和习惯。

比如，大部分人有"恐高症"，他们不敢在高位买入股票，他们喜欢"抄大底""埋伏""潜伏"，他们在自己的习惯中获得了安全感。

箱体理论的选股方法与这些习惯多有不符，重点在于关心上升趋势和主升浪，关心长时间已经形成上涨趋势的股票，并愿意在股价向上突破最上面的箱体时"追高"买进，这些"高空作业"的方式都与为了获得安全感的习惯不符。

金品战法之
箱体擒龙捉妖

红指妙奕

第六章　上升趋势的操作

我将慢步跟随一轮上升趋势，并以随股价不断上移的止损
卖单作为保险措施。当趋势继续时，我将补仓。

——尼古拉斯·达瓦斯

第一节　买进和加仓

我们把选股、止损这两个内容理解透彻之后，买股就变得简单了，就是
在向上突破箱体的时候买进。

然而事情并没有看起来那样简单。因为实战的时候，你将要面对真正的
风险，此时的心态会发生微妙的变化，就像杰西·利弗莫尔描述的那样：

我听说过一些人吹嘘自己在股市进行模拟操作，并以模拟的美元数
字证明其水平高超。有时候，这类幽灵似的赌徒会赚大钱。只成为这样
的投机客非常容易。这有点儿像一个第二天就要决斗的人的古老故事。
他的副手问他："你是个好射手吗？"

"嗯，"决斗者说，"我可以在 20 步开外击中酒杯脚。"他略显
谦虚。

"这很好。"无动于衷的副手继续问，"如果酒杯上有一把子弹上了
膛的手枪正指着你的心脏，你还能击中酒杯脚吗？"

加仓也面临同样的问题，真正的困难也是心理上的，因为加仓的位置往往比最初试探性买入的位置要高，看起来风险增加了。

因此，若要使用箱体系统，我们仍要克服低位全仓买入的贪念和不敢在高处加仓的"恐高症"。

箱体理论不仅仅是箱体，它是选股、买入、加仓、止损止赢构成的整体，缺一不可。

抱着对实战风险的恐惧，我们采用前述苛刻的选股条件，它让我们只将注意力集中在即将展开主升浪的股票上面，以减少止损的损失。

同样抱着对实战风险的恐惧，我们坚决采取止损和滚动止赢的策略，这为我们设置了一个安全网，避免发生重大亏损。

买入和加仓就是真刀真枪地上战场了，我们在充分准备之后，终于鼓起勇气越过第一道边界，去面对风险，迎接挑战，追求利润。

为什么我们非要在箱体突破的时候才买进，为什么我们不能在股价较低的时候买进呢？又为什么我们要逐步加仓，难道我们不能一次性地把身家全都赌到第一次向上突破的时候吗？

这是重大的问题，涉及我们的资金效率和安全性，也是本节我们要研究的问题。

在深入研究买入和加仓之前，让我们先讨论一下，是不是非要在牛市操作的问题。

一、箱体理论是否在牛市才有效

牛市显然非常适于持股，而且应该克服干扰，不要丢掉手中的股票。

为此，杰西·利弗莫尔在其大作《股票作手回忆录》中专门写了一篇文章论述这个问题，该章的标题就是《不要失去你的头寸》，意思是在牛市中，大的原则应该是持股不动。

达瓦斯显然非常赞同利弗莫尔的观点，他非常不喜欢在熊市中操作，他说：

经过比较我发现，牛市就像阳光灿烂的夏令营，到处都是健壮的运动员，但记忆中某些股票比其他股票更强壮。熊市呢？阳光灿烂的夏令营这时已成了医院。大多数股票都病歪歪的，但其中一些股票病得比别人更重。

因此达瓦斯认为，自己的箱体理论主要适用于牛市：

> 我的经验显示，这种方法最适用于有大量快速上涨的股票存在于市场中的情况，当然，那就意味着时光定格在了一个强有力的牛市当中。

之前我们还说过，达瓦斯认为箱体的止损止赢机制，可以让他自动避过熊市。

然而，达瓦斯似乎忘记了，他在买入劳瑞拉德这只股票时，市场正处于小熊市中：

> 当时我们正处于一轮小熊市的泥淖之中，市场气氛还相当悲观。但是，劳瑞拉德公司好像根本就不受这种悲观情绪的影响，股价在这一小箱体里上蹿下跳。

> 到 1957 年 11 月中旬，劳瑞拉德公司的走势更为独立，它开始向我预估的 27—32 美元的箱体推进。在整体市道疲弱的前提下，它这种卓尔不群的强势给我留下了非常深刻的印象。我认为它这种强势是有足够的技术面和基本面证据支持的，因此我决定在熊市里做多，我从曼谷发出了下列电报：

> "买入 200 股劳瑞拉德，价格 27.5 美元，止损位 26 美元。"

在出版了《我如何在股市赚了 200 万》一书七年之后，达瓦斯出版了他的第二本论述股市和箱体的《我在股市活了下来》一书，此时，他的观点已经发生了一些改变，已经不是非常坚定地看重牛市了，他说：

> 我发现，大部分抗跌的股票都是赢利趋势明确将是大幅向上的股票。结论显而易见：即使市道不好，也有资本流向这些股票。这种资本对赢利增长的股票的追寻，跟狗的嗅觉一样灵敏……

此后，当他再版《我如何在股市赚了200万》一书时，在"读者问答"部分里，他对熊市的看法已经变成有条件的回避了，他说：

> 我还从经验中总结出一条，即除非你的股票还维持在其箱体里或是在上涨，否则最好远离熊市。

达瓦斯的看法与我国今天的A股市场也相吻合。

也就是说，虽然我们喜欢牛市，但这并不意味着我们在熊市时无事可做，我们总还能选出一些可以参与进去的股票。

并且，我们不应该放弃在熊市中的选股和操作，尤其在熊市末期更应该如此。原因在于，首先，你根本就不知道牛市何时开始；其次，市场越成熟，牛市越是结构性的。

为什么我们不知道牛市何时开始呢？因为牛市也是走出来的，是当大盘已经走出了可以明显看到的、持续的上升趋势很久之后，我们才发现：啊，之前这几个月，原来是个大牛市啊！

因此，虽然在选股票时我们希望看到已经走出了上升趋势的目标，然而对于大盘，我们绝不会认为最好在它走出了明显的上升趋势之后才参与进去。

随着股票总数的大量增加，绝大多数股票集体大涨的牛市将离我们越来越远，结构化的牛市，也就是一些股票上涨另一些股票不涨的牛市将会比较多见。

二、为什么要在突破箱体时买入

我们之所以在箱体突破之后才买入，涉及一个时间成本和机会成本的问题。

2014年年底到2015年4月期间，我曾经两次介入平安银行（000001），每一次都是在它突破箱体的那天买入的（见图6-1-1中箭头所指的两个地方）。我从2014年10月底就看好这只股票了，为什么当时不介入呢？一是耗不起那个时间，二是资金被用在其他股票上了。当时我基本肯定买入这只股票不会亏损，但提前埋伏进去的话，时间成本我是付不起的。

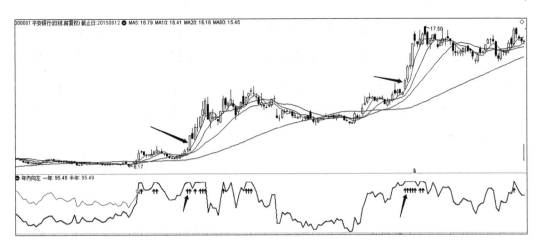

图 6 - 1 - 1　平安银行（000001）

从时间成本来说，一个顶端的箱体，股价在里面震荡的时间可能长达几个月之久，就像平安银行从 2014 年 11 月一直到 2015 年 4 月期间的箱体那样。在我自己的操作实践之中，股价在顶部震荡的时间长达半个月到几个月之久的非常普遍，所以在箱体还没向上突破时就买入，是对时间的严重浪费。

机会成本跟时间成本不可兼得，你把钱直接放在这只股票里面，你就不能去买其他的股票，也就失去了其他的机会。

还有一个风险因素，你买进去之后，股票的走势万一跟你的想法不一样，无论止不止损，你都已经遭遇风险了。

所以，无论从效率的角度，还是从风险的角度去考虑，都不应该在箱体内部买入。

我们已经在前文中讨论过，箱体理论的买入时机，是放在目标股向上破箱之后的，我本人就一直是这样操作的，即总是试图在最接近于一只股票向上穿透一个箱体的价位上进行购买，至少应该在上品接近尾声时买入。

为什么一定要在股价向上破箱时买入呢？因为，只要股价还处于箱体的上沿和下沿之间，或者换句话说，只要价格还保持在市场行为给它建立的限制范围之内的时候，要考虑到这是分歧双方的正常博弈，也就无须对该股票每个小时或者每天的波动大惊小怪。但是，一旦这只股票穿过了每次都将反压回去的那个顶部价位时，多头显然占了上风，它消化掉了所有空头的压力，向上爆发的概率迅速增加。根据我多年的经验，一旦股票穿透了箱体的上沿并开始向上寻箱，那么它就将继续向上，一直到遇到强大的阻力，使多头积蓄起来推动它向上的多方力量无力再进一步攻击的时候为止。

因此，当一只股票的价位突破其箱体上沿的时候，我就认为它的行情开始启动了，因为形势已经发生了变化：多方快速膨胀的力量发动了新的上攻。此时，我们不必关注上攻发动的原因，而只需要知道确实有某种原因产生的力量让价格上涨就行了。

我们采用"向上破箱买入"模式还有另外的现实理由。

其一，完全不知道股价在箱体里面要震荡多长时间；其二，也不知道股价在箱体内部震荡的期间内市场的形势会不会发生牛熊转化，这种转化会不会影响目标股，使它向下破箱；其三，在电脑为我们提供了极大方便的市场上，哪怕是在熊市中，我们能够严格筛选出的候选股也是不少的，我们可以看看哪一只股票先突破就先买进哪只股票，完全没必要把时间浪费在那些股价还在箱体内部震荡的股票上面。

三、买入前的最后验证

在炒股赚钱的那两年里，达瓦斯正在全世界巡回演出，其生活节奏是白天睡觉、晚上演出，因此没有看盘的时间，也没有看盘的工具。他从《巴伦周刊》上查看股票的历史走势，这个周刊传达给达瓦斯的信息，至少比市场信息延迟两天。当他发现符合条件、其股价在上方箱体中震荡的股票之后，就让经纪人于每天收盘后发来该股的价格信息，电报内容非常简单，只包含目标股票的收盘价、最高价和最低价。达瓦斯对这些价格进行分析，当发现股票即将真正突破箱体时，他就电报通知经纪人准备买入。

达瓦斯如何发现股价即将突破箱体呢？他是通过进行最后验证来发现。如何进行最后验证呢？他写道：

对在36.5—41美元的箱体当中的一只股票（假设40美元是历史高位）来说，当我发现有明显的信号显示它将要突破41美元的点位的时候，我就会发出一份买单。这种信号可能是在连续三天内有实际突破41

<u>美元的状况发生，即使是一点点也算，而无论每天的收盘价格是多少。</u>

上段中画了着重号的部分就是达瓦斯的最后验证方法之一，用我们现在的理解，就是在连续三天内曾经有过K线的实体或上影线突破到了箱体之外，然而达瓦斯并没有这样表述，因为他不用K线图。

我在《金品战法之箱体大突破》中曾经讲过多种验证方法，如前面所说的出现了金品形态，或股价在箱体内出现了间隔涨停、撞顶涨停，或在箱体波动期间持续放出大量，或当股价接近箱顶时温和放量等，这些都是买入之前的最后验证方法，当出现这些迹象时，股价即将突破或突破后继续上涨的可能性高。

在箱体内部较少会存在连续涨停，大多只能发生间隔涨停。因为如果不是间隔涨停，而是连续涨停的话，股价马上就会突破箱体，进而发生寻箱。一旦开始寻箱，那就不是箱体了，也就不是股价在箱体内部的运动了。

当箱体内发生间隔涨停的时候，经常也伴随着间隔跌停，至少伴随着间隔的大跌，因为这样才能平衡掉涨停的涨幅，使股价仍然停留在箱体之内。

看看我相当满意的一次箱体操作吧——冀东装备（000856），它在箱体内有两次涨停，一次跌停（图6-1-2中箭头所示）。

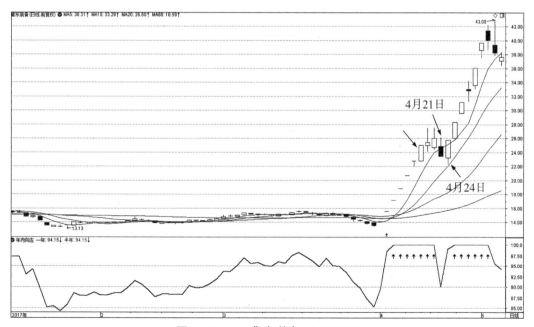

图6-1-2　冀东装备（000856）

虽然我被 2017 年 4 月 21 日那天的跌停套住了，并且还因此过了一个提心吊胆的周末，但是当 4 月 24 日周一它快要接近涨停时，我把全部剩余资金都砸了进去，原因就是这只股票经受住了最后验证。

在冀东装备上我的赢利只在 50% 左右，但我投入了全部资金，又在很短的时间内获得了这样的赢利，所以我还是非常推荐买入之前的最后验证。

间隔涨停和撞顶涨停，与前述达瓦斯的股价上影线破箱特征类似，因为箱体内的涨停可被看作股价实际上有突破箱体的冲动，只是这种冲动被涨停制度限制了。股价如果不被涨停制度限制，很可能就会有一根上影线突破到箱体上面去。所以我们可以认为，间隔涨停或撞顶涨停，其实是已经发生了实际的向上破箱，或已经显露了突破的迹象。

股价在箱体内波动时持续放大量，这是我们选股时已经讨论过的内容。

股价在箱顶处温和放量，表明多方在慢慢克服箱顶处的阻力，这同样表明多方可能即将突破，属于一种最后验证。

我还在《金品战法之箱体大突破》中讲过买前的分时图验证，即当突破箱体当天的分时走势符合层层向上推进的小箱体等条件时，可以当即买入。

总之，我们今天使用了更多的方式进行买前验证，然而其思想还是与达瓦斯和杰西·利弗莫尔等大师同出一源。

四、加仓的两种方式

市场上显然流行着两种加仓方式：一个是越跌越加仓又称补仓，例如巴菲特，许多时候他所采用的就是这种方法；另外一个则是越涨越加仓，这是本书所采取的方法，即箱体理论的加仓方法。

越跌越加仓的原则，其理论依据是跌得越多，风险就越小，加仓能够摊低成本。这是一种防守的策略，其目的是为了弥补之前的亏损，本质上是将更多的兵力投入到一场可能正在走向失败的战役中，期待它的转机。

越涨越加仓的方式，其理论依据是加仓的价格虽然高了一些，看似风险大了一些，但实际上，你是以之前的赢利作为风险保证金进行加仓的，相当于把更多的兵力用在乘胜追击上。

越涨越加还有一个依据，那就是资金验证。炒过股票的人都知道，你不会透彻了解一只股票的股性，除非你用真金白银进行了实际的买入。你对一只股票的关注和敏感，肯定在持仓的时候达于极限，这就是资金验证：用真钱测试股票的上涨欲望。越涨越加的原则，是对资金验证结果的最好利用，就像我们总是愿意与熟悉的商家做生意一样。

箱体理论的加仓方式就是越涨越加，亏损不补而是要止损。通常，加仓的价格一定会比前一次价格高。

在实际操作中，根据我的经验，各次加仓的价格之间也是比较接近的，并不是差得非常远，也就是说，加仓的动作可以在一个箱体的内部进行，也可以在寻箱线上面相隔比较近的位置相继进行，只要依据自己的经验和分析确信趋势将肯定向上就可以了。

下面我们来看看达瓦斯是如何买入并加仓的吧。

由于手里握着劳瑞拉德和会餐俱乐部公司的股票所给我带来的利润，我策划着大干一场，很快机会就到来了。这只新的股票名为布鲁斯公司，它在1958年的4月显示了惊人的交易量，到了5月，它每周交易量达到了75000股，价格也在上涨，两个月内，它从18美元一路攀升到50美元。

现在我有足够的资本可以放手一搏了。我5月的交易是：

500股布鲁斯公司股票，价位是50.75美元；

500股布鲁斯公司股票，价位是51.13美元；

500股布鲁斯公司股票，价位是51.75美元；

500股布鲁斯公司股票，价位是52.75美元；

500股布鲁斯公司股票，价位是53.62美元。

我们看到，在布鲁斯这只股票上，达瓦斯加了4次仓，每次500股，其加仓价格都高于前一次买入价，但差价并不大，这与我们前面总结的加仓方式相合，即第一，当你确认一只股票正如你用真金白银尝试并验证过的那样持续上升时，你就可以加仓"大干一场"，其加仓的原则是每一次都比前一次的价格高，但不必介意加仓的位置与箱体间的关系，因为我们没有像买入时那么严格地规定在什么点位必须加仓。总之，加仓的方式就像达瓦斯说的那样：

> 当趋势继续时，我将补仓。而当趋势反转时呢？我就像小偷一样迅速撤离。

案例 水井坊（600779），从图6-1-3的买入和加仓点可以看出，我买入和加仓的点位，都发生在箱体突破的时候。第一次建仓，是在2019年2月14日完成的，其后股价在上方走了一段时间的小箱体（可以看成是天品），突破小箱体的2月22日我又加了一些仓。类似的加仓又发生在3月18日（失败，所加仓位止损出局）和3月29日（成功了）。操作这只股票的加仓的原则是每一次加仓都比上一次少一些，例如上一次加两成，这次就加一成（视情况而定）。总之，加仓操作增加利润的同时，应该还要保证资金的安全。

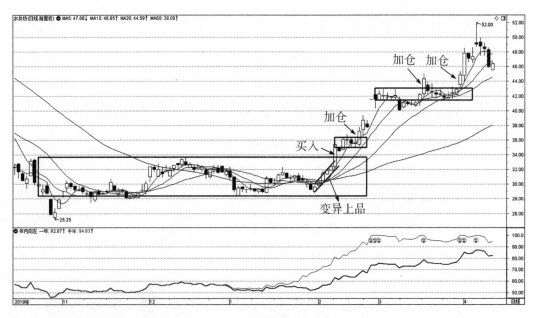

图6-1-3 水井坊（600779）

第二节　上升趋势实战操作

本节，我将以自己实战过的两只股票为例，详细叙述箱体理论在上升趋势中具体是如何操作的。

上升趋势操作最重视什么？我认为最重视的就是抓住股票的主升浪。这并不是一件容易的事情，因此我们对所涉及的箱体、向左参考、选股、买进及加仓等各个方面进行讨论。在实战中，这些理论的运用是非常灵活的，但这些都不是难点，因为在具体的实战之中，我们注重的是综合分析，每只股票都要花费大量的时间复盘和分析，这才是炒股过程中最占用时间的过程。

本节例举的实例，尽量复原当时的分析和操作过程，以便读者。但请读者注意，能够用文字在这里表达的，其实还不到实际过程的三成内容，因为我是参考我的炒股日记复原的操作过程。日记是一个重要的工具，有利于总结和分析。我在此特别向读者推荐每天要对重要的股票进行一些记录。

案例一　风范股份（601700）（2018 年 12 月至 2019 年 1 月）

2018 年 12 月 26 日，风范股份涨停了。然而当天我并没有关注到这只股票，直到晚上复盘时才特别关注了一下。那一天正是泰永长征（002927）冲击七连板失败之日，该股从早盘的涨停到收盘时的 −2.42% 涨幅，反差不可谓不大，与泰永长征相关的 5G 概念和次新股炒作出现退潮，由于泰永长征还属于电气设备板块，与风范股份产生了交集，后者也是电气设备板块并且与特高压热点相关，所以我开始关注它了。

这一天，特高压成了新的热点炒作题材，当天该板块内有多达 17 只个股封于涨停板，市场最关注的是当时已经二连板的通光线缆（300265）。我特别留意风范股份，是因为看到明显有主力操作，当天放了近期 4 个月以来的最大量，相较前一日放量 7.3 倍，这是不惜代价吃货的表现，一直吃到涨停为止，涨停价格还顶到了近期箱体的上沿，属于撞顶涨停，因此就引起了我的高度关注。但在当时，在内心里还是偏好通光线缆更多一些的。

12月27日是第二天，我最偏好的通光线缆并没有守住早盘的涨停，10点多后就开板了，成交量主要集中在上午早盘，相比下午却几乎没什么量，而当天的换手率却高达12.10%，这些显然不是什么好兆头。

反观风范股份，早盘即放量强力突破箱体，我于9:32进行建仓，并开始密切观察它的走势。我看到，这只股票全天换手率维持在4%~5%的稳定水平，13:37时放出了14412手的大量，价格因此抬升了约1.3%。读者知道，我最重视的就是下午的放量，那是经过深思的放量，意义远比早盘的放量大。于是，我又把少许单子挂在涨停板上，准备等到放量拉升时及时买进。从14:41开始，主力开始温和放量拉升，到14:43时，价格已经突破全天最高点，我果断加仓，之后大喜，因为就在我加仓后不到半分钟，主力就放出了当天的最高一分钟天量39885手，此股涨停了。我高兴的不是涨停本身，而是主力在下午，尤其在收盘之前的放量，这代表了主力后续的目标高远。

12月28日是第三天，从早盘开始，风范股份的分时走势进行了很长时间的箱体横盘，这说明如果我昨天没有第二次买入的话，今天也有很长时间可以从容买入。

由于昨天下午的放量，我决定今天如果再有突破就再加一些仓位，所以又在涨停价上准备了一些单子。11:15股价放量向上，突破分时箱体，我再次加仓，之后，股价竟然在一分多钟内就涨停了，不得不说是很幸运的。此时我切换到日K线图，发现"年内向左"指标中突破半年高点的笑脸出来了，这是在向我祝贺吗？我感觉事情可能有一些微妙的变化，但当时还不知道是什么。直到晚上复盘时我才突然意识到，风范股份今天的二连板，确定了它就是当前板块的龙头了啊！见图6-2-1。

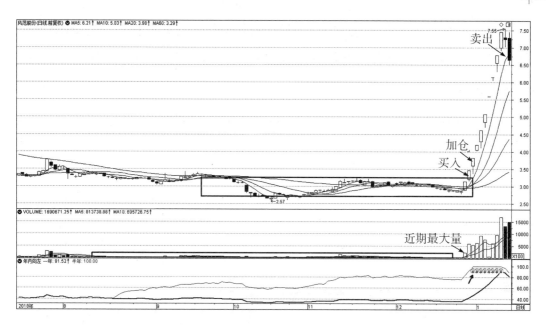

图 6-2-1 风范股份（601700）

之后这只股票的走势可谓顺风顺水，上市公司中标公告的不断发布，使得股价的上涨显得分外轻松。而随着 2019 年 1 月 4 日盘后央行全面降准消息公布，众多资金勇顶一字板，竟然打破了"七连板魔咒"，不得不说是我的另一个幸运。尽管上市公司进行了风险提示，但很明显对市场人气的影响微乎其微。

在持股期间，我特别关注资金的动向，发现风范股份的连续突破，与各路游资"击鼓传花"很有关系。自 2018 年 12 月 26 日首日涨停以来，风范股份已经 5 次进入龙虎榜，除 2019 年 1 月 2 日有一机构席位卖出 1680 万元外，其余 4 天的龙虎榜内均为清一色游资席位。其中，西藏东方财富证券拉萨团结路第二证券营业部，自 2018 年 12 月 27 日出现在风范股份龙虎榜之后，连续多天一直都能看到它的身影。

就这样，在持续关注中，我一直持股到 1 月 14 日，当天出现了大阴线，我毅然卖出。虽然从事后看来，如果再持股两天更能卖个好价钱，但我不后悔，因为我的卖出原则是铁定的，原则面前不能有讨价还价的余地。见图 6-2-2。

风范股份"起死回生战法"的应用（2019 年 2 月至 2019 年 3 月）。

金码战法之
箱体擒龙捉妖

我并没有离开风范股份太久，因为它的潜力还没有挖掘殆尽。2019年2月14日，我第二次介入风范股份，这次采用的是"起死回生战法"，当股价形成小箱体并突破后介入。

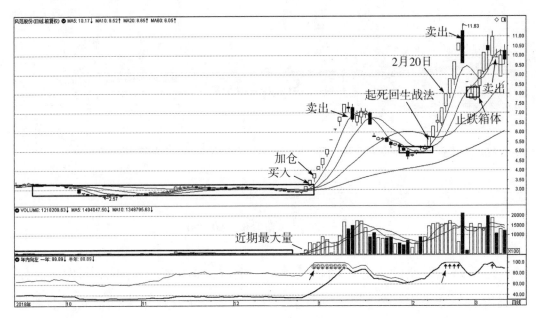

图6-2-2　风范股份（601700）

在前次操作中，有一个特别奇怪的现象，就是"年内向左"指标一直没有显示突破一年高点的信号，可见当时的主力，全程都是顶着半年内的解套盘压力冲上去的，对该股的信心不可谓不足。而据我以往的经验，当一只股票发生这样的情况后，后续走势必将出现突破年内高点的情况，这种操作经验也是"起死回生战法"的精髓之一。后来的走势也有了证明，当我持股到2月20日时，股价第一次突破了年内高点，其后的走势说明了"起死回生战法"的可靠性。之后我一直持股，直到2月26日出现巨大阴线时出局。见图6-2-2。

之后不久，同样是这只股票，我又运用了"长颈鹿战法"进行了第三次买入（这次买入的做法属于下一章的内容），即在股价形成止跌箱体之后进行短线买入操作，我在3月4日买入，3月8日就卖出了，不过，这样的短线操作不建议新手参与。

总之，对于风范股份这只股票，我在短期内运用三种方法操作了三次，第一次买入，使用的是具有大箱体黑马基因股票的选股方法，第二次使用的是"起死回生战法"，第三次使用的是"长颈鹿战法"，整体操作过程还是感觉满意的。这里要说的是，虽然每一次的操作方法有所不同，但所有方法都没脱离箱体理论。

案例二　陕国投 A（000563）

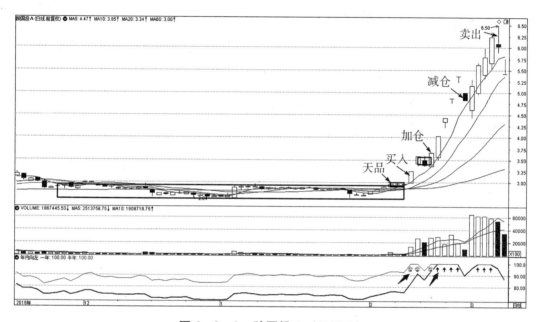

图 6 - 2 - 3　陕国投 A（000563）

图 6 - 2 - 3 是我在操作陕国投 A 时的大致操作路径，大面上看似简单，但在中间减仓那一次，差点闹出心脏病（呵呵），事后进行检讨时似乎感觉未破 5 日均线不该减仓，但当时的感觉真是天昏地暗，不知前途如何。

陕国投 A，在 2019 年 2 月启动之前，已经形成了 8 个多月的大箱体，形成天品后，股价于 2019 年 2 月 18 日突破，当时我进行了短线买入，原因很简单，因为还没有突破年内最高点，我怀疑上涨空间有限。然而第二天，该股再次涨停，并且从第一天开始，这已经是第二次在半年来的最高点位了。第三天，主力开始进行洗盘。由于股价一直离我的止损线很远（这是"箱隔箱"的缘故），震荡也不是太剧烈，所以我一直稳定地持仓。第四天，2 月 21 日，股价低开，随后在 9∶52 左右，分时的上涨非常强烈，很明显这是上升趋势中小箱体的突破，而且离破年度高点只差一步之遥了，所以我进行了

加仓。2月22日是周五，股价第一次突破了年度高点，打开了上涨的空间，这说明我可以相对安心地持股了。

不料，在2月28日这一天，股价低开很多，当天集合竞价时我就感觉情况不太妙，怀着这种惴惴不安的心情进行了一半的减仓，并且还想着如果第二天再不行就全部清仓。第二天是3月1日，又低开7个多点，我当时几乎要全部斩仓了，心里哀悼着我在2月27日以来少赚的赢利。过了一会，我冷静下来，感觉还是应该咬牙坚持一下，毕竟还没跌到10日均线，前一日又是缩量下跌。我决定如果今天不跌停就继续持有，要是再往跌停那里下跌的话，就直接清仓。事后证明这次坚持是对的，狡猾的主力在分时图中制作了两次向上的小箱体后，直接把价格拉回前一日收盘价，这时候我放心了，并且感叹主力的洗盘手法凶悍！之后的几天是舒服的上涨，并且连续三天创年内新高。然而到了3月7日，股价震荡了一天，感觉主力的拉升明显不如第一波强悍，滞涨的感觉强烈，于是在6.27元左右减仓了。第二天又是个低开，我知道这个波段已经不行了，股价破了5日均线，随后在分时往上拉时，我全部清仓出局。

小　结

本章介绍了应用箱体理论对上升趋势进行操作的要点，并还给出了3个具体的实例。

箱体理论在牛市的效果好于其他市况，但它在其他市况里也是有用的。

当应用箱体理论对上升趋势进行操作时，一定要坚持系统操作的理念，遵守预先规定的进入和退出原则。进入时尊重向上破箱条件，如果资金允许，还要留意加仓和补仓机会，当然，最重要的还有止损和止赢，全套操作构成一个系统。

本章虽然只罗列了笔者操作过的几只股票，但我想，这已经能够为读者展示箱体操作法的选股、买入、加仓和止损的全套风格了。

其实，箱体操作的思想和系统都非常简明，容易把握，笔者的实践也可以证明，这套系统非常适用于我国A股市场。

　　然而可惜的是，笔者多年来都没有发现哪个人对箱体理论进行过真正深入的研究。我猜测这里的主要原因可能在于，在现在的股市上，可以看到太多的精美靓丽的时髦理论，以至于质朴而实用的箱体理论被许多人给冷落了。

金品战法之
箱体擒龙捉妖

红指妙奕

第七章 下降趋势的操作

我知道我必须采取一种冷静的、不带感情色彩的态度来看
待股票，当股价上涨时我不能与股票谈恋爱，当股价下跌时我
也不能对它们感到愤怒。

——尼古拉斯·达瓦斯

第一节　熊市与下降趋势操作原则

熊市的操作原则就是做超跌反弹。具体如何操作？我们先从一个实例入手。

一、冷静分析守原则

2018 年是熊市之年。除了 1 月份不到一个月的上升趋势尾端外，全年都是惨烈而持续地下跌。在这样的市场环境下只能做超跌反弹并且要冷静分析、遵守原则。

案例　2018 年 11 月 5 日上午 10:34，我在沪深 A 股涨幅排行榜上看到电广传媒（000917）这只股票，它上涨得非常厉害，当时的涨幅是 9.68%，已经接近涨停了。见图 7-1-1。

金品战法之
箱体擒龙捉妖

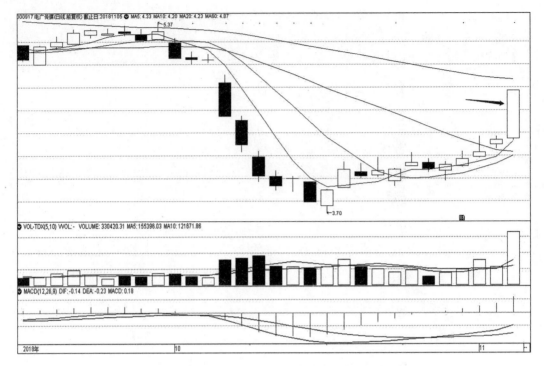

图7-1-1　电广传媒（000917）

　　原本在这只股票之中我是设置了预警的，我把预警设置在了5.2元。涨到5.2元这个价格之后系统才会提醒我，那时我才会进入分析程序。

　　然而这一天的价格虽然收于涨停价4.77元，离我的预警价格还很远，但是我看到它涨的这么快并且就要涨停了，这种异常的主力行为把我深深地吸引了，所以我就打开K线图仔细地研究起来。

　　电广传媒自2015年以来持续下跌，已经跌了三年，从最高时的40多元，已经跌到了3元多，现在又涨回到4元多，可想而知，里面的大部分人都被套住了，这里面当然包括主力。

　　那么，这只股票里面的主力，它若是有所行动的话，其主要动机应该是要为自己解套。另外，从这只股票目前的形态上看，已经适合建仓了，并且从2018年6月以来就已经有建仓的迹象了，因为在2018年6月11日，这只股票走出了一根极其怪异的K线，当日收盘是涨停，并且刚刚好顶到了60日均线的位置，这就是我为什么对它设置预警的原因。见图7-1-2。

图 7 - 1 - 2　电广传媒（000917）

　　要知道，这只股票在 2018 年 3 月以来，已经是第三次局部放量上攻到 60 日均线的位置了。我对长期在 60 日均线下方运动的股票向上突破 60 日均线都是很重视的，这样的股票我会放到自选股里面专门进行监控，每天复盘的时候也要进行研究，电广传媒就是这样一只股票。

　　让我对这只股票很感兴趣的是，它从 8 月 7 日开始构筑箱体，到 9 月 27 日又一次温和触碰到了 60 日均线，形成了一个相当长的箱体，然后才从 10 月开始进行了一番相当猛烈的下跌。我对这种下跌相当敏感，因为头肩底的头部往往都是这样的下跌，它代表了股票真正止跌企稳前的最后疯狂洗盘。主力是不会可怜那些套在里面的散户的，他要逼迫散户在最低的位置交出筹码。

　　11 月 5 日这一天，沪深涨幅排行榜向我报告这只股票的涨停异动，我就开始了对它的分析。因为已经有了每天复盘的积累，我没花费太长的分析时间，就开始准备介入了。这里面的功夫主要在每天收盘后的复盘中，这只股票是 10 月以来第一次带量上攻。从图形中大家可以看到，这样的涨势意味着是主力的行为，这个涨停解放了所有在底部 3—4 元被套的小散户，并且让他们获利离场。从多年的经验得知，主力每次为散户解套的行动，都是为了让一些人放弃自己手中的筹码。

从这一天的涨势上我还看到了一点，那就是虽然股价上涨得非常凶猛，但其实换手率并不是非常大，也就2%多一些，可量能却比昨天放大了一倍多，量价配合完美。这种情况说明，在3—4元的底部被套住的主要是主力自己的筹码，它为自己解套是没有心理负担的。主力为什么要为自己解套呢？这是有预谋的，主力为了这一天，已经做了长时间的准备工作了。

主力都做了哪些准备工作呢？我们再往前面看一下，10月11日、12日和15日三天的暴跌中量能放得比较大，那时进去的筹码都被套住了。11月5日这一天，主力却好心拉出涨停，去为那些被套住的筹码解套。我们很容易就得出结论，那就是，那三天暴跌时被套住的主要是主力打压股价的筹码，换句话说，在那暴跌的三天里，主力利用暴跌在吸货。

量能的分析完成后，我们再从价格方面分析，从图中会看到主力的拉升很猛烈，说明主力向上突破的意愿相当强烈。为什么呢？我的结论是，主力的真正建仓时间至少可以追溯到其在5月14日冲击60日均线的那天，也就是说主力在7元下方被套住的筹码很多。换句话说，这只股票的上涨空间很大，将会涨到7元。如果真涨到7元的话，按目前位置计算已经差不多是80%左右了。

分析到这里我就兴奋了，更让我兴奋的是，主力还非常贴心地把价格从接近涨停的位置打了下来，最低打到了4.65元，然后开始制作小箱体，这是我再熟悉不过的形态了。我当时就在4.7元以下建仓，然后又在涨停板上挂了一些单子，准备在股价再次向上猛烈突破时买进。

大家可能已经发现我经常把单子挂在涨停上，只当主力向上突破时追进去。一般人会感觉我这样做不合算，他们会想："为什么不在低位进去把成本降低呢？"原因就是为了提高资金的使用效率。

总之，我把不少单子挂在了涨停价上，右手握着鼠标，紧张地盯着盘面的动静，这时是绝对不敢去上厕所的。

贴心的主力在10:56时又开始向上急拉，并在10:57时放出了一根天量大单，把在场的筹码全部吃掉并涨停了。要不是我的手一直在鼠标上面，要不是我的价格就挂上涨停板上面，肯定会错过这次涨停。像每一次一样，这次的紧张操作又把我弄出一身大汗，然而这种与主力的贴身肉搏战是值得的。

从上面的分析过程大家可知，我是如何进行超跌反弹分析的，主要就是从各根K线的历史分析之中看出主力的行为意图。我们所做的各种分析，包括箱体分析在内，其实就是在做主力的行为分析！

电广传媒这只股票让我赚了一些钱，因为我后来又补了一些仓位，大部分仓单又一直持股到了7元以上。这就是超跌反弹之中对主力行为分析的重要性。见图7-1-3。

图7-1-3　电广传媒（000917）

二、必须认清趋势

超跌反弹并不是那样好做。要积累足够的经验，就必须长时间地坚持对股市进行持续观察和分析。全身心地投入股市之中，经历过完整的牛熊市转换的沧海桑田，体味过那些贪婪、激动、喜悦、恐惧和绝望的滋味后，我才感觉自己有点真正读懂股市了。

我们都知道熊市很可怕，然而从技术上来说，熊市分为初期、中期和末期。在熊市的初中期里，风险要远远大于机会；而在熊市的中后期，情况就有些改变，这时候是风险和机会参半，这就是考验短线水平的时候了，因为高超的短线技术可以获得不小的收益，这样的机会是不能放过去的，这就是超跌反弹吃大肉的机会。

超跌反弹的机会为什么存在？它的原理在于，在长期的下跌之后，主力也被套住了，市场上的上涨趋势行情已经非常少，机会主要表现为超跌之后的反弹，往往反弹的幅度还不低，力度还不小，因为主力要自救，就要在适当的时候做反弹。所以我才把这样的机会叫"超跌反弹吃大肉"。

我一直建议新手或上班族们不要参与熊市下跌趋势的操作，宁肯错过赚钱的机会，也不要被深套在熊市之中，是因为熊市被套令人痛苦难受。账面上的亏损变成漫长的折磨，身心长期被摧残，每天都生活在痛苦之中，会感到忧愁、恐惧或绝望，又或者转为麻木。

即使熟练运用箱体理论并严格配合止损操作，也很难避免熊市初期遭受小损失。在牛市末期和熊市初期，依照箱体理论操作的上升趋势股票会依次失效，买入后可能出现大面积的止损型斩仓，赢利的难度会越来越大，过去有效的成功套路也屡屡失灵。如果发现严格执行止损虽然只带来了一段时间的小损失，但利用上升趋势选股越来越不容易，合格的箱体越来越少，这往往预示牛市的结束和熊市的开始，认识到这一点后就应该考虑空仓休息了。

熊市中的股价走势以"下横下"架构为主，展开的下跌趋势由很多"下横下"的架构组成。见图7-1-4。

在下跌的初期，市场多数人会认为下跌只是偶然的，熊市并未真正到来，大盘还会再创新高；当市场中的新热点和强势股出现回调时，人们对之仍抱有再次向上突破的期待。然而，全盘观察之下会发现，多数股票已经开始下跌了，少数强势股的抗跌只是前期惯性的顽抗，它让人产生错觉，抱有幻想，一些人的幻想使大盘下跌的初期仍然存在些许不能赢利的抵抗，然而大的趋势却顽强地向下运行。

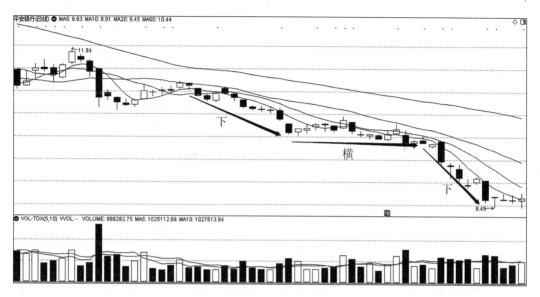

图 7-1-4 "下横下"架构

　　这样延续一段时间之后，到了熊市的中期，市场才完全明白熊市真的来了，普遍信心动摇，大部分股票持续下跌，强势股只要反弹就会遭到抛售，继而出现补跌行为，使用上升趋势操作套路的人们不断蒙受损失，许多弱势股票更会步入超跌的行情。此时，所有的利空都是真的利空，所有的利好也都显得十分可疑；多头的信心遭受沉重打击。

　　长时间的下跌来到了熊市的中后期，市场多头信心崩溃，股票出现大面积崩盘，一些绝望的资金不计成本地出逃，证券公司生意冷清，许多人注销股票账户，多头尸横遍野，基本上被绞杀殆尽。此时，个股抛压才日趋减缓，空头暂时休息，场外资金开始在特定板块抢反弹，市场会出现一波反弹行情。我们做超跌反弹的机会也到来了。

　　但在抢反弹时要注意，由于上方被套的筹码太多，初期的反弹大概率是下跌中继反弹，持续时间不会很长，高手们都抱着短线的心态，小心观看着反弹到一定的压力位后即纷纷出局，主力也忙着在反弹中解套跑路。与此同时，不少乐观的散户开始对行情产生幻想，但往往会被新一轮杀跌套牢在半山腰上。如果此次杀跌力度更强、幅度更深，那么新一轮的超跌反弹或反转机会将会再次出现。

　　到了熊市的末期，市场中的局部股票会出现赚钱效应，大盘指数震荡且相对稳定，部分资金会在个股上制造局部行情，出现许多结构化的超跌反弹或反转机会。随着时间的延续，场外资金纷纷入场，热点板块和题材开始制造龙头股、黑马股和妖股，熊市结束，震荡市开启，我们又进入一个擒龙捉妖的行情阶段。

根据上面对熊市的分析可知，熊市中还是有不少赚钱机会。熊市中的炒股总则，就是初中期避险，中后期抢超跌反弹和反转机会。熊市下降趋势的总体操作逻辑就是以做超跌反弹为主。

熊市初中期是所有阶段中最危险的阶段，是风险最高的阶段，个股都要经历一段由牛转熊、由盛转衰的过渡，看似要止跌的时候还会有一个超跌的阶段，风险之大可想而知。因此，这个时期不宜进行任何操作，在完成超跌之前都要耐心等待，守住心性不要参与。以我本人的体验，熊市来临的最准确信号是上升趋势的箱体操作法屡屡失灵，这种情况往往在熊市真正来临之前的两三个月就会出现，此时不妨抱着旁观的心态退出市场，冷眼瞧着场上的空头每天以各种方式屠杀多头，此时空仓原本算作是站在中立的立场上的，然而在只能做多的 A 股市场上，空仓其实就是站在了得势空头一边，这就是顺势。根据"多头不死，空头不止"的规律，我们尽量完全休息下来，等待多头的彻底崩溃。

在熊市的中后期，多头已经彻底绝望，被套的人们已经损失过半，不少股票跌去七八成，到了真正的地板，许多人挥泪斩仓割肉。

然而，超跌反弹的机会在此时悄悄降临了。

一些资金开始准备入场抢一波"超跌反弹"，报刊媒体频频送来暖意，利多消息越来越密集，被深套的主力谋求自救，大盘成交量不断刷新地量，我们在此时要准备入场了。

在熊市我们只做超跌反弹行情，这是一个铁的原则。

超跌反弹行情，操作好了赢利也不会少于牛市，一批超跌的股票反弹起来也是非常凶猛的，市场上将会看到不少连续涨停的股票，此时选股就变得非常重要。

在选股方面要注意两点，一是重视题材热点，二是仔细研究箱体形态止跌股票。题材热点选股主要是选之前大热过的个股，理由是这样的股票中往往有主力在其中。在这些股票中，最容易自救的股票是流通市值较小且历史较清纯的股票，例如次新股就是这样的典型，它们流通盘相对较小，被套人员单纯，被套资金多是主力资金，自救愿望和实力都值得期待。

超跌反弹操作必须是短线操作思路，因为在前期漫长的下跌过程中，无论是大盘还是个股都有许多的筹码密集区，所以反弹会遇到许多压力位，遇到后即又是大盘和个股下跌之时，这就是严峻的"向左参考"原则的体现，一些主力正是利用反弹出逃的，所以我们参与进去时应报着短线心态，不妙就跑，频繁换股，对买入的股票不要抱高的期望。应该牢记的是，熊市的核心趋势就是下跌，所有利好政策都将是主力出逃的机会，因为任何力量都不能与大趋势抗衡。

第二节　超跌反弹的箱体形态准备

一、超跌箱体准备

股票超跌之后如何反弹？一般会先做出一个止跌的箱体出来，此时就产生了一个"下横"形态，而反弹的架构都是"下横上"的架构形态。"下横"就是反弹的预备式。

下面我们先看一个案例。

案例　浔兴股份（002098），自 2017 年 11 月 10 日后开始停牌，要进行重大资产重组，一停就是 10 个月。10 个月后即 2018 年 9 月 10 日复牌，并宣布终止重大资产重组。复牌当天就开始了一字板下跌走势，一字板下跌连续 7 个交易日，到 9 月 19 日周三才止住跌势，当天出现了 17.87% 的换手率，是谁在出货逃跑？又是谁在这里接货？见图 7 - 2 - 1。

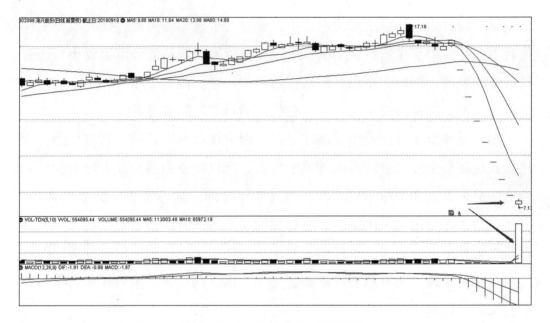

图7-2-1 浔兴股份（002098）

　　之后的4个交易日也是大换手率上升，然后又开始下跌，直到10月18日开始构筑箱体。在10月30日这一天股价涨停，这时我开始注意这只股票，但是并没有买进去。见图7-2-2。

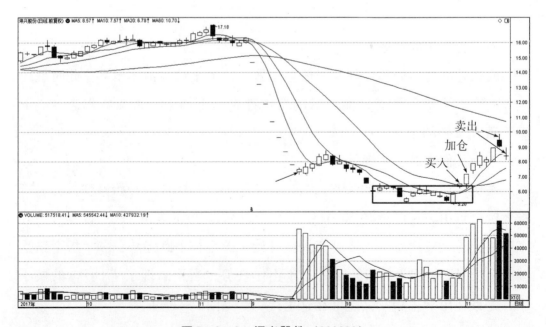

图7-2-2 浔兴股份（002098）

当天收盘后，我对这只股票进行了长时间的复盘，除了看到的箱体之外，还从 9 月 19 日止跌那一天的 K 线开始，将每一天的 K 线和量能都进行了仔细研究。对于 K 线，我打开了每一天的分时图仔细查看。对于量能，还将每天分时的量能也依次一个个进行了查看。

对一只股票了解得越多，我们才能越理解箱体，对主力的动机也就了解得更多，操作时才更有信心和把握。这天晚上的复盘，我的结论就是，浔兴股份第二天还要向上突破，理由有好几个，例如从止跌之后就发生了"上升有量，下跌无量"的情况，例如"上涨的目标位想必会超过 8.8 元"的情况，都是从这一次复盘看出来的。

这里要与大家分享的是，并不是所有箱体都可以操作，尤其做超跌反弹，一定要花费很多时间进行仔细复盘分析，确定里面有大资金，也就是有主力在里面，而且有拉升的欲望，这样才能做到心中有数，增加信心和把握度。如果没有信心的话，第二天就不可能有决心建仓，很可能在犹豫不决当中错失良好的机会。

正是由于当天晚上进行复盘为我带来的信心，第二天是周三，一早我就在开盘之前挂上了涨停板的价位，然后就以开盘价成交了。该股在开盘之前就十分活跃，开盘价上涨了不少，更为我挂涨停价提供了信心。该股开盘之后，一分钟不到就打到了涨停，当时我的账面上就赚到了 4.5%，由此可见箱体分析的重要性了。

由于我断定该股会涨到 9 元以上，所以持股信心还是非常大的。周四开盘之后虽然有些回落，比我昨天的买入价还要低一些，但这样的走势仍然在我的意料之中，由于从心理分析上来看，主力不可能把昨天和今天的努力都变成无用功，因此我又补了一些仓。果然，下午这只股票又涨停了，这就更增加了我的持股信心。主力在周四这一天这样努力地做盘，又加上连续三天的涨停，我对它涨到 9 元以上更有信心了。

在 11 月 8 日这一天，我已经持股一周。股价在当天开盘后 20 分钟不到就打到了涨停，这使我有了一种猜想，猜想主力是不是在暴跌之前就已经在 13 元以上建仓了？然而下午 2:00 以后的大幅下跌却让我感觉非常不安，所以我决定先出掉一半，明天如果股价跌回大箱体就全部出清。

第二天，股价果然继续放量下跌，我决然地把手中的股票出清了。

通过上面案例我们知道，主力在做超跌反弹之前，往往要在低位构筑箱体，这就是形态和量能方面的准备。当发现股价在超跌位置构筑箱体时，一定要进行仔细的量价分析，从量价和历史中找到主力的动机。箱体是主力拉升股票进行的准备，它为什么要进行这样的准备？这些情况一定要搞清楚。另外我们还可以得出一个结论，那就是我们并不能抓住所有的箱体，我们通常是从那些发生异动的箱体中捕捉到机会的，因此还要建立起完善的盯盘机制。

二、超跌之后的反弹都是预先有准备的

我们提出超跌反弹操作的根本逻辑之一就是任何超跌后的反弹都是预先有所准备的。快速的反弹绝不是场内交易者意见不合的结果，资金大量进场意味着有共识和目的，就像预先计划好了，大大小小的箱体就是它反弹之前的准备时期。股价的走平是箱体的基础，5日和10日均线的走平反映了日线价格变化的走平，为反弹做准备的箱体就此产生。

有时我们会在日线上看到V形反转，股价好像没有任何准备就从昨天的下跌变成了今天的上攻。V形反转有没有预先的准备期呢？有的，一是股价在下跌的时候主力就已经准备反攻了，此时被套的筹码大多只是他自己的筹码；第二个准备是一种短期的准备，此时如果把K线分解到更小的周期，你就可以看到股价制作的箱体，这是短期超跌反弹的基础，它的箱体只延续一两天，之后就反弹了。

其实，虽然见不到哪怕最小的箱体，V形反转也是有准备的。看似未经箱体的准备就进行了反转，那是因为其准备期并不在箱体里面，主力被套，原本对下跌就是最不情愿的，所以在下跌过程中就已经随时准备反抗了，如图7-2-3乐视网的日K线走势中，箭头所指的就是V形反转。

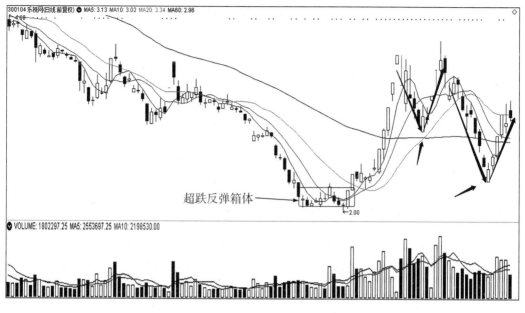

图 7-2-3　V 形反转

总之，超跌反弹的资金都是事先有准备的，谁也不会拿着自己的大量资金去为别人解套。及早发现这种准备的迹象，就是我们操作超跌反弹的逻辑基础和理论根据。

同样道理，任何板块的异军突起也是预先有所准备的，那些拉抬股价的主力，不会脑子一热就动用大资金随意进场拉抬股价，更不用说一个板块的协同行动了。

大资金的准备期很早就开始了，为了给超跌后的反弹进行准备，主力在下跌的过程中就已经伺机而动了。参与板块的资金在启动前的下跌过程中就有了想法，只是抗不过大势，无力反攻而已。而一旦时机来临，主力就会制造箱体进行准备。

股票超跌之后如何反弹？它先要做一个止跌的箱体出来，此时就产生了一个"下横"。反弹的架构都是"下横上"的架构形态，反弹背后的动力有几种：大盘具备止跌反弹的动力，主力被套，或题材、热点的介入。

接下来，我们再看看为反弹做准备的各种大大小小的箱体。

三、超跌反弹的准备体现在从小到大的箱体中

在《金品战法之箱体大突破》中，我们说到了三到六个月的底部箱体，这种箱体是大箱体或长箱体。两个月以下的是小箱体或短箱体（含两个月）。短箱体最短是两天，长则两个多月或更长。

从本书第一章我们就已经知道，箱体的最大作用之一，就是为主力提供拉升前的准备工作。熊市中的情形与振荡市和牛市不同，超跌反弹不是一次攻击性的行情，而是一种压抑已久的反抗，所以往往是箱体的准备时期不会那么长，因为在当前价位上面的一段空间之中，被套的散户已经很少，主力不介意稍做准备就进行拉升，因为解套的多数筹码都是他自己的。

所以，如果要做超跌反弹行情，就不要像我们在做牛市上升趋势行情时那样，寻找含有诸多黑马基因的大箱体，因为从历史数据上进行观察，日K线级别的超跌反弹的底部箱体，其长度可以是两天、一周、一个月、一个半月等几种，视主力的具体情况而不同。下面是箱体长度不同的两张图，可以看到超跌反弹的特点。见图7-2-4，图7-2-5。

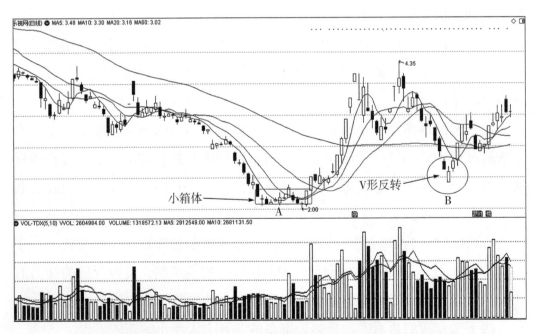

图7-2-4　乐视网（300104）

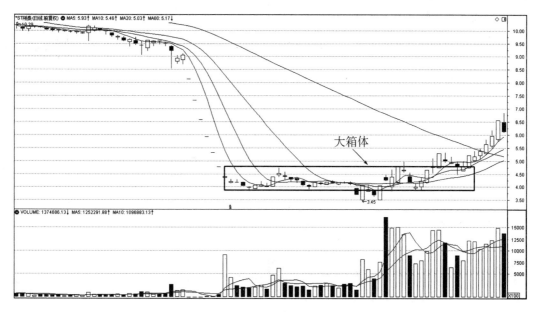

图 7 - 2 - 5　刚泰控股（600687）

超跌反弹的极端形式是 V 形反转，从日 K 线上看无箱体，但从短周期 K 线当中可以观察到箱体。

第三节　箱体操作的预备式

股票的上涨趋势，首先是从"下横上"发起的，然后才演变成"上横上"。这里的"下横"和"上横"，称为预备式。

案例一　2017 年 4 月冀东装备（000856）这只股票，就是"上横预备式"。见图 7 - 3 - 1。

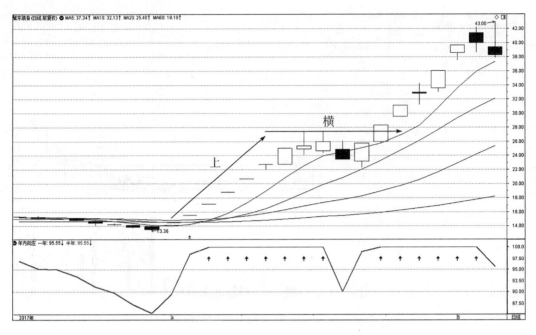

图 7 - 3 - 1　上横预备式

案例二　2018 年 10 月下旬，电广传媒（000917）这只股票就是"下横预备式"。见图 7 - 3 - 2。

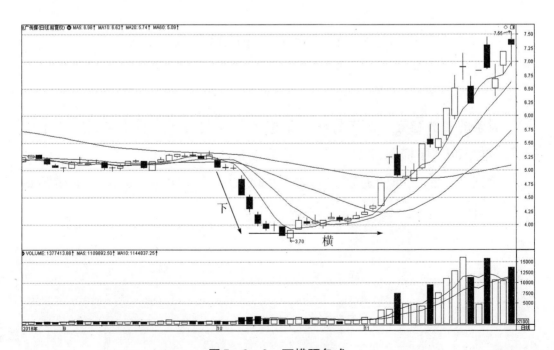

图 7 - 3 - 2　下横预备式

可以这样说，在我把主要精力都放到箱体的研究之上后，那些赚钱的机会，其形态在发动之前都处于"预备式"状态。

预备式是箱体操作的准备形态，就是准备买入股票时所看到的箱体形态，包括"上横预备式"和"下横预备式"两种。

"上横预备式"由上升趋势加一个横向趋势组成，也可以认为由"向上寻箱"加"箱体"组成。

"下横预备式"由下降趋势加一个横向趋势组成，也可以认为由"向下寻箱"加"箱体"组成。

预备式来自于股价的趋势架构。

在《金品战法之箱体大突破》中，我们谈到了由前后三种趋势组成的12种架构。

什么是架构？技术分析的本质之一就是"向左看参考"。以趋势为例，不能仅仅知道当前股价所处的趋势，还可以知道当前趋势之前的趋势。趋势架构是由股价最近前后三种趋势组合而成。

趋势架构中，我们用"上"表示上升趋势，用"下"表示下降趋势，用"横"表示横向趋势。

三种趋势前后组合在一起时，一共可以有12种架构，分别是"上下横""上下上""上横下""上横上""下上横""下上下""下横上""下横下""横上横""横上下""横下横""横下上"。见图7-3-3。

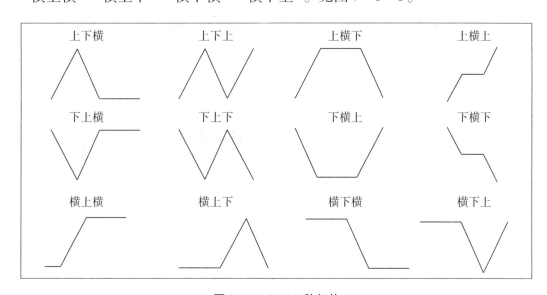

图7-3-3　12种架构

其中两个架构是我们重点研究的，即"上横上"和"下横上"。见图
7－3－4。

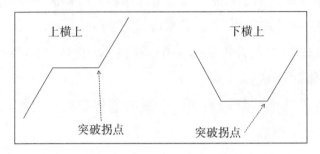

图7－3－4　重点架构

上图中的两个架构，都有"横上"这一拐点，也就是箱体的突破拐点。
箱体理论最关心的就是箱体的突破，也就是图中的突破拐点。图7－3－5是
"上横上"的实际走势。

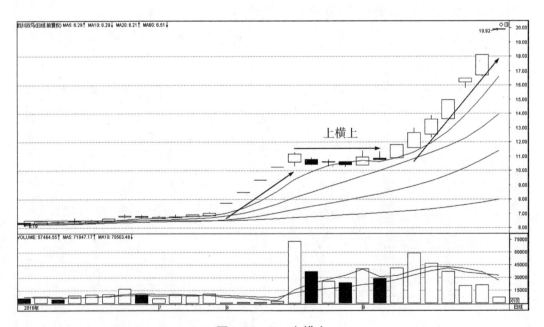

图7－3－5　上横上

图7－3－6是"下横上"的实际走势。

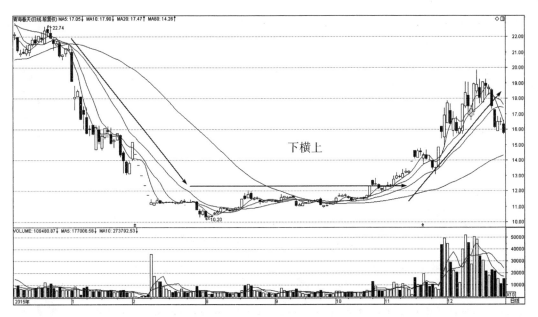

图7-3-6 下横上

在箱体理论中，股价都是从箱体上启动突破，也就是从"横"向上启动的。

上横上和下横上架构中，股价启动之前的形态分别是"上横"和"下横"，也就是半个架构。见图7-3-7。

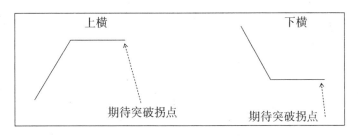

图7-3-7 上横和下横

在上图中，我们在"上横"和"下横"的末端期待向上突破的拐点，这就是我们操作箱体的切入点。

因此，我们把"上横"和"下横"称为"预备式"。

"预备式"只有两个，一个是"上横预备式"，一个是"下横预备式"，都是由两种趋势构成的。

图7-3-8，图7-3-9分别是股票实际走势中的"上横预备式"和

"下横预备式"。

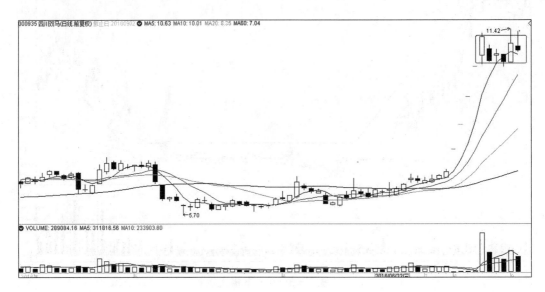

图 7 - 3 - 8　上横预备式

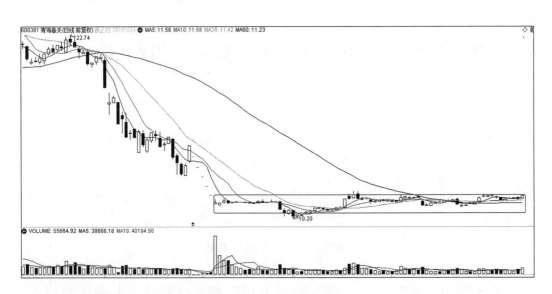

图 7 - 3 - 9　下横预备式

　　上横预备式是为做"上横上"架构预备的，下横预备式是为做"下横上"架构预备的。

　　当股价的运动处于下跌趋势当中时，尤其处在熊市当中时，拥有"上横"预备式的股票是很少的，"上横上"这样的架构很难出现，因为哪怕你可以在熊市中筛选出一些上升趋势的股票，找到"上横预备式"，进去之后也很有可能被套牢。因此在熊市当中，例如2018年的情况，主流资金都是做的超跌，主攻方向就是"下横上"架构。在这样的市况之下，我们所寻找的，主要是下横预备式的机会。

在熊市当中，"下横预备式"所对应的，主要是股价底部的箱体。

如何对"下横预备式"对应的底部箱体进行选股呢？

下横预备式的特征之一，就是短期均线已经走平，但股价仍然处于中长期均线之下。依据这一思路，很简单就可以写出一个"下横预备式"选股公式。见图7-3-10。

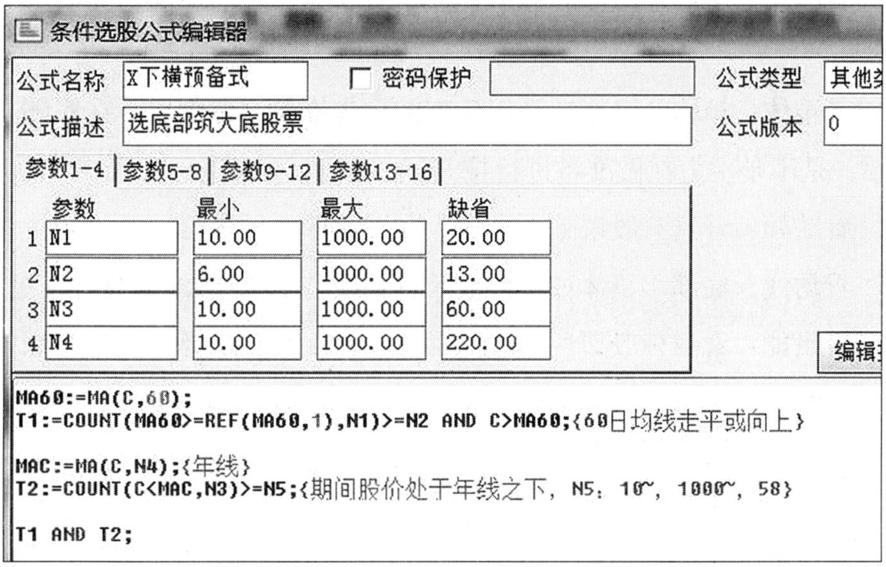

图7-3-10 下横预备式选股公式

上图公式中，缺省情况下的参数所选的是60日均线已经走平或向上，但以60日的中期进行观察的话，股价仍然处于年线之下。

修正一些参数，细化一些代码，我们很容易就能选出不同时段的"下横预备式"股票。

以上公式只是抛砖引玉，相信读者依据其他选股思路能够写出更加符合自己要求的"下横预备式"选股公式。

第四节　超跌反弹的操作总结

一、超跌反弹的选股和操作总结

1. 看大盘：看大盘是不是超跌，是不是形成了底背离，包括 60 日均线是不是还处在勾头向下的状态。

2. 看历史：要观察前面的历史，分析有没有主力的活动，他的活动动机是什么。

3. 看箱体：箱体是股票超跌后反弹的预先准备，仔细看看在底部有箱体的股票，是不是主力在做准备进行拉升。

4. 看跌幅：看这只股票是不是比大盘跌得凶、跌得猛。

5. 看均线：底部小箱体如果形成 5 日均线与 10 日均线的黏合，更好。

6. 看量能：看目标股票所形成的量能是什么性质，是不是红肥绿瘦，即阳线多阴线少。

7. 看缩量：目标股在反弹上涨的过程当中，除非遇到开盘涨停或一字板涨停两种情况，是不能缩量的。缩量怎么看？看它的分时走势。在一天的交易时段中，目标股票如果量能缩下来了，就证明整体的上升速度已经缓慢下来，这是力度不足的表现，此时要随时注意离场。

8. 看空间：看目标股票有没有上涨空间，这就用到向左参考原则了。如果左边上方都是套牢盘，反弹一定是非常费力。

9. 看题材：看目标股是不是有题材或热点。

10. 看主力资金：看主力资金最近在做哪种类型的股票，那就是主流股票。

11. 看板块：当主力资金集中在某个板块上时，这样的板块就是主流板块。

12. 看趋势：短线心态，谨慎操作，可以看着尽量陡峭的趋势线卖出。

13. 看盘时间：上班族最好不要做超跌反弹。

二、对以上总结的一些说明

1. 均线。

底部箱体有可能形成 5 日均线与 10 日均线的黏合。如果 K 线较少的话，则不可能形成 5 日均线与 10 日均线的黏合。5 日均线与 10 日均线的黏合必定是 K 线在 5 天以上发生了走平，因为收盘价不走平的话，5 日均线与 10 日均线就走不到一起。

2. 大盘止跌的条件。

做反弹的时候，最重要的是增加把握性，此时首先就是要看大盘，看大盘是否具有超跌反弹的外部条件。因此，我们的思路是，一直要密切关注大盘的脸色。当发现大盘止跌以后，我们就要做好准备，选出我们需要参与的股票。

大盘什么时候止跌？观察 MACD 指标，当大盘形成一次背离、二次背离的时候就可能止跌了，这是非常关键的，不要在下跌中途的时候进去，没有形成背离的时候，价格是不会形成止跌的。

背离的本质是减速上拉或下跌。虽然涨得更高或跌得更深了，但是力度上和速度上都有所缓解，这其实也是在为反向运动提前做准备，即减速本身就是与箱体一样的准备阶段。

熊市中，股票走势的典型特征是 60 日均线向下。因此，如果是 60 日均线向下的股票，我们所做的，一定是超跌反弹。

3. 板块操作。

当看到主流资金在某个板块上做超跌反弹时，我们也要在相应的板块做超跌反弹，这主要从板块的涨跌去看。各板块指标都有自己的涨跌水平，那些相对大盘指数涨得更多的板块指数，说明这个板块就有主流资金的参与，我们就要做这样的板块。例如某个板块涨了 1%，但大盘只涨了 0.3%，则这个板块就是主流板块。

题材热点如何反映在股票上呢？其实全都反映在了板块上，交易软件会把热点题材及时汇总成板块，如概念板块等。

4. 上班族不参与超跌反弹。

做超跌反弹，本质上是在做超级短线，这是一个刀口舔血的操作，我建议一般的散户不要参与，尤其是那些白天上班的人，如果你不是一个全职的股民，平时没有看盘时间的话，我建议不要操作。

5. 趋势线破了卖出。

在前面案例中，电广传媒这只股票我在当时挺看好的，但为什么还要在它涨上去之后先卖出一半的仓位呢？这是出于保险谨慎的原则，因为超跌后的向左参考原则是不支持做中长线的，所以我在做超跌反弹时总是以风险防范为第一原则。要对趋势特别敏感，在买入股票之后先画一条趋势线，趋势线一破，至少先卖掉一半，大多时候是卖掉全部。

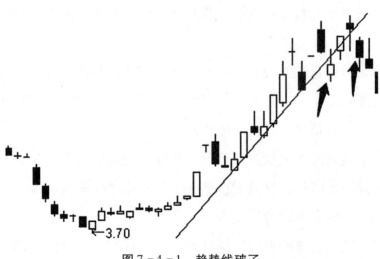

图 7 - 4 - 1　趋势线破了

图 7 - 4 - 1 第一个箭头位置就是我卖出电广传媒的点位，我是第一次破趋势线卖掉了一半多仓位，第二次再破趋势线全部卖出。卖出的时候不要觉得可惜，因为你随时可以买回来的。最重要的在于，趋势线一破，就证明整个上涨的小波段已经没有了，必须要严守原则出局。

小　结

我们没有很强的能力去判断大盘趋势，我们发现趋势不对的原因往往在于应用上升趋势的箱体操作方法时，发现有较多失灵，这也是进行系统性操作一定要设置止损的原因所在——某种定量的损失让我们发现了熊市的到来，因此熊市已经到来的消息是用斩仓止损的资金换来的。对这样昂贵的消息，我们一定要重视，熊市初期的根本原则就是"休息"。此时不要留恋于股市，因为一旦下跌趋势开始，往往都是"下横下"接力的走势。

股票市场的熊市分为初期、中期和末期。末期的赚钱效应相对来说比较大，这就是我们超跌反弹吃大肉的机会。

由于做超跌反弹的难度通常远大于做上升趋势，所以不建议初学者介入，那些参与到其中的有经验的玩家们也要注意进行深入的分析，避免冲动行为。然而，当自己的技能熟练之后，在超跌反弹中赚钱的速度还是相当快的。

金品战法之
箱体擒龙捉妖

红指妙弈

第八章 总结与交流

　　我和惕奥科尔现在是久经考验的老朋友了，我们像过去的
好伙伴一样建立起了一种特殊的友谊。

——尼古拉斯·达瓦斯

　　我在教学过程中，要求学生经常把自己的感悟总结成文字，从而在理论
和实践上获得更大的提高。本章内容就是从这些总结中选出的，供读者
参考。

● **箱体的超越——金品战法**

尊敬的老师您好！

　　非常有幸在茫茫书海中淘到了老师您的首本杰作，翻开新书使我眼前一
亮，书中的内容很新颖、言简意赅、通俗易懂，我被深深地吸引了！我如获
至宝，即刻联系上了老师，得知老师也带学生，心中大喜！能成为老师的学
生很幸运，也很有缘！

　　记得第一次来上课见到您的时候，您是那么平易近人、和蔼可亲，您又
是那么的端庄优雅、善良慈爱，娓娓动听的声音让我感觉这不是在听股票
课，而是在上一门富含人生哲学的综合课，百听不厌！

　　此时此刻老师上课时的情景又映入了我的脑海，股市的三种趋势、十二

种架构让我对股市运动有了更深刻的理解，什么时候该入场，什么时候该空仓休息，什么时候该轻仓观望都一一点明；黑马基因阐述了黑马股形成的原因，怎么优选黑马，怎么对比大盘优选强势个股；而作为金品体系的核心依据箱体突破前后走势共三品六大类，再运用点、线、面三箱共振加2k共振结合启动前的绝密要点等知识点，能够轻松地识别主力变盘前的启动，做到第一时间买入，而运用二线卖出法，又能很好地对买入个股的持仓及风控进行管理，有效规避强票拿不住、弱票不止损的人性弱点，进出明了有度；拐点理论、角度理论、速度理论、均线换挡理论很好地诠释了趋势与时间空间的关系；金条指路、长颈鹿战法、四季战法又能让人在行情到来时不慌不忙，心里有底，并及时跟进；太阳花理论生动形象地概述了股市题材热点形成的要素及原理，结合金品体系优中选优、强中选强，定可选到龙头股、主流强势股；而对交易系统的认识与完善、仓位与风控的管理、心态的调节与执行力的提高等，多方面多角度阐述了交易系统"道"的方面健全的重要性；而作为三天课程的重头戏，实盘中老师也重点教了我们怎么看盘、怎么提高看盘效率、怎样判断当天大盘的强弱，特别是开盘后老师盘中抓涨停股、做强势股，十拿九稳行云流水般的操盘让人眼花缭乱目不暇接，这是老师您十年如一日的看盘功力及对金品体系的熟练运用后的结果，因为金品体系已经在您的心里扎了根烙了印。心稳手才稳！

三天的授课很短暂，但通过学习使我茅塞顿开，受益匪浅！学习是一种方法，更是一种态度，而功夫在课外！授课结束后我非常兴奋，这么好的方法，学好了运用得好，怎么也能进入赢家的行列！但当我平静下来时又思绪万分，回想这么多年下来，自己也学了很多，花了很多时间和精力，最后还是亏损严重，这是为什么呢？因为自己太急功近利，总想学到"绝世武功"，什么都想学，什么都不精，什么都用不好。因为人的时间精力是有限的，只有把一种好方法学好了学透了，能运用到极致，能稳定赢利才是重点，术不在多而在于精，这才是关键所在！

您在课上讲，其实市场并不复杂，但参与市场交易的人很复杂，如果你想赢利，先要学会让自己变得简单些！这让我联想到股市是一个没有硝烟的战场，这里没有人情，没有眼泪，只有赢家和输家；这里不是福利市场，而是财富再分配的场所！入市有风险，交易需谨慎！人性的贪婪恐惧在这个市场上反映得淋漓尽致。您又在课上讲顺势而为不过度交易，不要跟纪律讨价还价！让我理解到了交易的本质是先保本再求赢利，因为市场上的钱是赚不完的，而本金却是亏得完的，只有截断亏损才能让利润奔跑。回想自己以前总是频繁地交易、不分行情、不分趋势地交易、止损不及时、重仓某一只股票、逆市加仓，所有的错误归结到一点，不是不知道而是执行力太差。不光我们普通投资者要有非常强的执行力，投资大师们何曾不是把执行力当作交易的铁律！巴菲特曾说过：第一条永远不要亏钱，第二条永远不要忘记第一条。索罗斯也曾说过：投资本身并没有风险，只有失控的投资才有风险。止损永远是对的，错了也对，死扛永远是错的，对了也错！然而老师上课一遍遍地重申，叫我们要分仓降低风险，发挥概率的功效，一次次地重申亏损被套不要加仓，分摊成本这种做法是错误的，而我这么多年下来是否有去遵守这些纪律呢？您在课上讲成功者找方法，失败者找理由。方向不对，努力白费，只有方向对了，这样你才离成功越来越近。除了股市之外我们还有诗和远方！让我感受到不管是新股民还是老股民，如果没有稳定赢利的能力，没有高胜算的把握，请不要重仓交易。资本市场从来不缺机会，只缺最好的机会，缺能把握机会的能力。获得成功的方法很多，投资交易并非唯一，除了股市外，人生还有很多精彩，还有很多可以追求的地方，三百六十行，行行出状元！天道酬勤，世上没有轻而易举的成功，也没有无缘无故的失败。不曾尝试怎能知道酸甜苦辣，不曾努力怎知行不通，请不要忘记你的初衷，我在远方与你共勉！

此时又想起了老师课上所讲的让我感触最深的一句话：努力不是为了要感动谁，也不是要做给哪个人看，而是要让自己随时有能力活出自己想要的样子，并拥有选择的权利，用自己喜欢的方式过一生！人的一生其实是很短暂的，有舍才有得，学会感恩胜过一切！

承蒙老师抬爱！感激不尽，无以回报！祝愿老师福禄安康！

杭州　股往金来

● **金品箱体——遨游股海的指路明灯**

尊敬的王老师：

提笔总结炒股的心路历程，是缘于对您的"金品箱体理论"的深深认同和向往。

我是一个股龄才两年的股市小白，在实业方面耕耘多年而小有积蓄后，2017年5月开始初步接触股票，未曾想到一头扎进去后就一发不可收拾，每天的大部分精力都花在学习和操作股票了。两年时间里我看了不少股票书籍，也参加了一些线上和线下技术培训班，可就是陷入"越买越亏、越亏越买"的境地不能自拔，以至于本金也在数月间不经意地亏掉了超过50%。我常常痛苦地在收盘后思考亏损原因和赢利措施，可就是百思不得其解。今年年初，一位朋友见到我的惨状后推荐了老师的新书《金品战法之箱体大突破》，从新华书店买来后，我用双休日两天时间研读了两遍，并打开行情软件把书中的个股范例一一打开来学习，这是我学校毕业工作以来第一次这么认真地看书。

《金品战法之箱体大突破》从箱体的角度，以通俗易懂的语言、图文并茂地剖释了股票走势的前世和今生，令人信服，可操作性强。得知老师在不定期地举办线下学习班，我毅然报名参加了。在唐山，两天理论加一天实盘培训，老师系统性地深入浅出阐述了"股价的架构、箱体理论、分时和盘口、买点和卖点、打造属于自己的交易系统"等技术，三天时间干货满满，老师把十几年股海生涯独创的"金品战法体系"完整地传授给我们。可以这样说：掌握了"金品战法"，就像是站在高处看着股市的风起云涌，主力做盘手法尽收眼底。

学成归来后，经过几个月的复习和操盘，我的看盘功力有了稳健进步，不会再像以前那样追涨杀跌了，第一眼就会条件反射地从箱体的角度来看待股票形态。

由于做股票时间短，还在不断消化和吸收老师教授的技术，我没有像样的操盘业绩向老师汇报，但是我能自豪地说：在金品战法体系的理论指导下，我的买卖有了底气，这个月的操盘已经做到不亏了！虽然与其他大幅赢利的学员还有巨大差距，但是对于我而言已经是向前跨越了一大步。

此处略举一个例子：2018年6月4日，被借壳的亚夏汽车（002607）（现为中公教育），在8个一字板后，止步于前高位置处，横盘放大量洗盘三天，第四天股价开盘即放大量上攻，此时正是最佳进场时机，我按照老师的"长颈鹿战法"和"分时战法"及时买入，股价当天用5波攻上涨停，拉出5个涨停板。

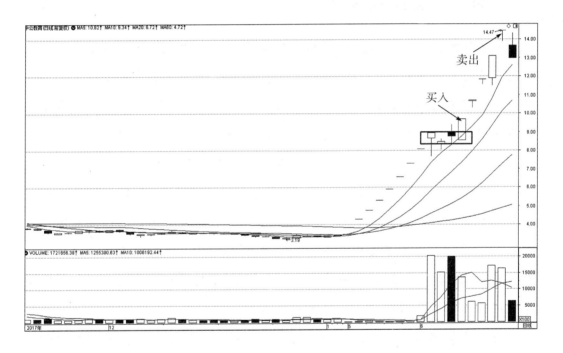

▲成交日期	证券代码	证券名称	操作	摘要	成交均价
20180607	002607	亚夏汽车	买入	证券买入	9.400

▼成交日期	证券代码	证券名称	操作	摘要	成交均价
20180613	002607	亚夏汽车	卖出	证券卖出	14.927

在股市交易日趋专业化和智能化的今天，最普通的小散户要想不被割韭菜，不能良莠不分地什么技术都想学，唯有精于一项技能才能立足。通过对过去两年做股票的惨痛经历的总结，我深深地体会到这一点。在今后的漫长股市生涯中，我将继续以老师的"金品战法体系"为灵魂，不断学习和摸

索，逐步打造自己的交易体系。

在我学过的多种炒股理论中，王老师的箱体理论最实用。值得花大力量去掌握，拓展自己的投资性。

浙江　玉华

2018 年 11 月 25 日

● 感悟箱体：它是技术的基层

和老师相识，是我证券投资路程中幸运的一次机遇。在认识恩师之前，市面上的所有技术书基本都学习过，可在实践运用过程中，亏多赢少，不得其解，股市中有些努力是白费力，因为你方向、方法、思路错了，偏离正确的道路也就远了。问题是，你怎么知道自己努力的方向是错的呢？一个人很难突破自己的思维局限，需要借助外力，特别是高人的指点。

一次偶然的机遇，结识了一位年长的新股民（七十多岁，入市两年），看到他的交割单，让我这个有七八年股龄的老手自叹不如。其选股精准、首板介入、买卖点处于爆发点、不参与洗盘、止损幅度小而且麻利，关键是大盘只要企稳，抓住的涨停板一串一串的。向其请教，不肯传授，说自己还是市场的学生，但可以把自己的老师引荐给我。

在唐山慕名拜会老师，听了半天课却感觉失望，因为我是来学涨停打板的，我要的是一剑封喉的绝招。老师开篇讲的都是一些箱体知识，做为老股民都知道，在箱体下沿获支撑买入，箱体上沿受阻卖出，所以感觉太小儿科了。课后老师发现我上课没在状态，便问我原因，我说箱体技术很简单，感觉没什么高深的东西呀。老师说，你继续往下听，箱体理论是个体系而非一门技术，听我讲完了你再决定继续还是放弃。

通过两天理论一天实战学习，看似简单的箱体里面的乾坤却不小。第一，画箱体，从最基础的箱体画法，一上来老师就纠正了市场上大多数股民错误的做图，箱体都画不对，对后面的操盘肯定驴唇不对马嘴；第二，看箱体，怎么看，箱体的振幅、长短、形态，箱体里面的 K 线、量能、均线……，什么样的箱体容易走大牛，什么样的 K 线组合是黑马爆发的前兆，如何提高资金利用的效率而不参与调整；第三，如何精准锁定将要爆拉的目标股，牛股启动前都有前兆，以技术面配合题材面，盘面就形成了火上浇油，提高了胜率，开阔了看盘的维度。

通过学习颠覆了我的认知，本来想学一套无敌技术，老师实际教的是一套体系，如何选股、如何持股、如何卖股、如何把风控融入整个环节，环环相扣，从此我真正走入了体系化操作，第一次感受到了赢利的快乐。

还在天天亏损的散户朋友们，如果你有缘看到了王老师的书，请珍惜机会，认真学习，仔细体会，读上十遍都不算多。在股市数不清的各种门派技术中，"金品箱体理论"是最朴实无华而又深刻透彻的；学会了它，一定能带你走出亏损、走向成功！

湖北　小凡

2018 年 10 月 5 日

● 从成长走向成熟——致谢老师

初　识

还记得今年 5 月的期货操盘沙龙吗？你在课间休息时，对着商品 K 线图，和大家一起交流，你说你的进场点和老师的不同，我带着疑问（心想：人家是讲课老师，你是谁）趁午餐期间，交流我操作的股票。不交流不知道，一交流吓一跳。你的进场点比我早，出场点比我早，几乎是"主力"的节奏！于是我提出能否帮我的要求。你只是说："先看我的书，然后慢慢体会。"

发　现

从购买书籍到初读再精读，惊奇地发现，老师的操作就是不涨停不做，只做涨停板，而且是首板！这是我一直梦寐以求的目标。回想自己的投资历程，买书、看书、上培训班、买软件等，上当受骗，历历在目。

跟 随

没有阻止我继续学习的理由！5月报名参加了在唐山的第一次集训。虽然集训只有三天，但容量很大，两天理论、一天实盘，竟然晚上还要上课。估计是水土不服、疲劳等原因，第二天下午就发高烧了！强撑着坚持到结束。回到上海，你还不忘问候，再三叮嘱：先把身体养好，赚钱不差这几天。同时强调，身体好了以后，先消化这次的笔记内容，然后模拟，等下次复训后有了感觉再实盘！

再 训

依葫芦画瓢，实盘操作（没听你的话），感觉不爽，但感觉至少不亏。再读笔记，继续消化。带着实盘中遇到的问题，参加了第二次集训（这次我是有备而来）。虽然讲课内容，没啥区别，只是多了一些案例。最大的收获是操作的逻辑清晰了，随着你不厌其烦地把我的提问逐一解答，顿感豁然开朗！

成 熟

现在看来，以前的操作行为，多么的幼稚！在最近的操作中，一直按着你的要点，按部就班，只做看到的，不预测，踏着"主力"的节奏，轻松赚钱，快乐工作！

期 望

和你是同龄人，希望自己继续向你学习，能像老师一样，在投资市场成功；同时也真心期望老师不骄不躁，保持本性，继续前行。

没有最好，只有更好！共勉。

以下几个图片是我近期操作的截图，望老师在百忙中抽时间加一点评！谢谢。

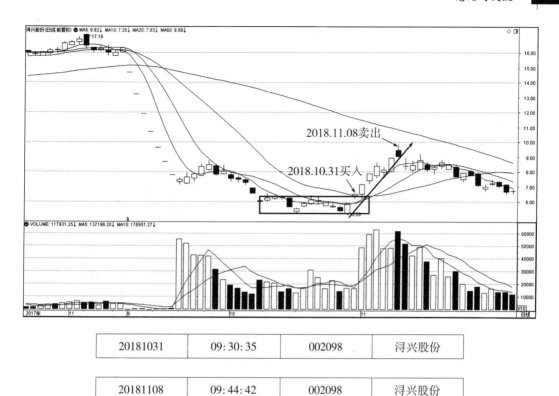

20181031	09：30：35	002098	浔兴股份

20181108	09：44：42	002098	浔兴股份

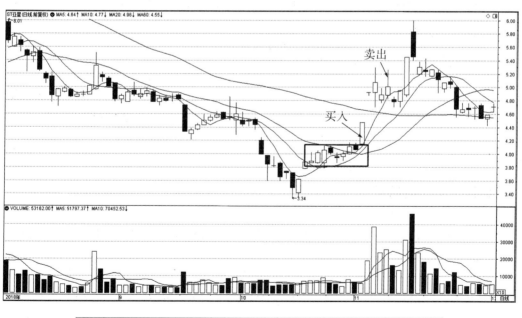

20181102	09：35：04	600319	亚星化学

20181108	09：46：41	600319	亚星化学

| 20181107 | 09：33：00 | 002058 | 威尔泰 |

　　读万卷书不如行万里路，行万里路不如阅人无数，阅人无数不如名师指路，名师指路不如自己去悟。期望在你的指点下，通过自身的不断努力，成为你的优秀学员！

　　最后祝老师身体健康，万事如意！

学员：sqzr

2018 年 11 月 12 日

● 金品一年，再接再厉

　　看着今天的日子，2018 年 11 月 17 日，再过两天，即 11 月 19 日就是我学金品一周年了。

　　回顾自己这一年的成长，内心感慨颇多，但此时下笔，却难以将那种心情尽致描述，可能浸淫股市多年的人，都是五味杂陈的。老手内心复杂的情绪是源于自己股市生涯一路走过来的艰辛，新手复杂的情绪是来自于对股市的迷茫，而我此时还走在新手成长为老手的路上，有多年的迷茫，也有这一年来偶尔的小成就。

在经历了入市几年浑浑噩噩、牛市无成绩、熊市都回撤的状态后，我内心深刻地体会到了向外求助、向高手学习的重要性。因为认识到了探寻股市的成功之路如果是靠自己去摸爬滚打，付出的时间成本和金钱成本无疑是巨大的，更严重的是自己的精神成本（信心）会逐渐丧失，后者的缺失对一个人的打击无疑是更大的。

去年金秋，一次偶然的机会我接触到了老师，在听了老师几次公开课后，老师对于股市的理解和技术的把握深深震撼了我，多年的直觉告诉我，老师的东西不止是股市中的宝贝，更是宝贝中的精华，所以金秋过后，我推脱掉工作等一切其他事务，毫不犹豫地踏上了求学之路，进入了金品班。

经过老师的系统授课，对老师的佩服更加深刻。首先是老师授课的一言一行、真诚用心的态度就已经让我折服；讲到嗓子哑、课堂上逐个点评提问仿佛让我感觉自己回到了上学时代。

都说万事开头难，老师开头的态度就已经深深感染了我，我内心不禁自问：要敲开股市大门的我还有什么理由退缩和畏难呢？于是我更加用心认真地学习。经过老师对金品体系的详细讲解和逐个剖析，我忽然感觉到，原来股票的走势也是可以从混沌中找到规律的，也有清晰和有条理的一面。几天授课过后，我内心直观的一个感受就是，自己多年碎片化的学习，远不如老师这样有一套完整而清晰的体系强大；但更让我震撼的是接下来的几个月，在老师的悉心指导下，同时观摩着老师的战绩，我是深刻体会到了金品这样一套完整体系的威力是那么巨大！一轮行情下来，老师对于牛股切入的把握和抓住大牛的超高频率，都深深震撼了我。而我也沿着老师教的东西进入了疯狂的学习和积累的状态中，这都是源自老师带给我的震撼。

2017 年 12 月 20 日小试牛刀贵州燃气（金品箱体突破），让我第一次清晰地感受到了操作大牛股的一种确定性和喜悦，虽然后面卖得不是很理想，但是这种第一次的效果对我的震撼却是巨大的，仿佛拨开多年云雾的感觉！也是从贵州燃气之后，我开启了这一年中对于牛股的征程，2018 年 1 月 10 日科蓝软件、2018 年 5 月 2 日永和智控、2018 年 7 月 4 日福达合金等，再到最近行情，9月的绿色动力、锋龙股份，10月的维宏股份、民丰特纸，从一开始对于牛股毫无感觉的生疏到一步步亲近，从偶尔操做一把到慢慢频率变高，这一切的成绩都要感谢老师！

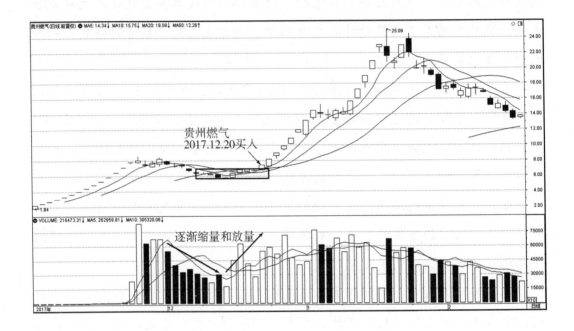

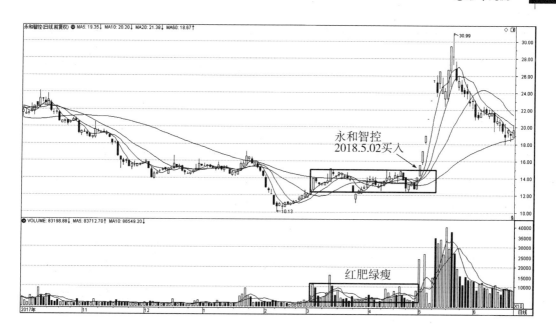

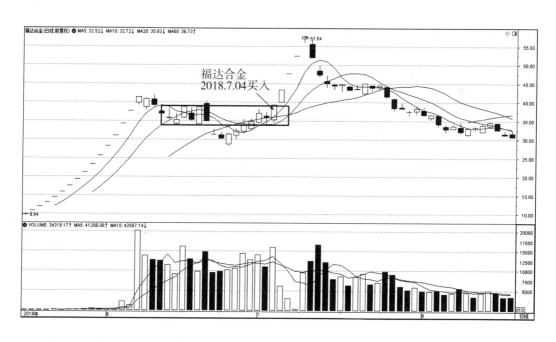

　　自己通过这一年的实战，也深刻体会到了老师所授金品的作用和意义，金品体系提高了我在股市的段位，给我打下了坚实的基础，为我推开了股市之门。从这个门进去之后，我通过不断地实战和拓展，逐步积累了经验。如果没有这个高段位的基础，就没有这些拓展的体会，对于牛股当然也是入不了门。而这个基础一旦打牢，对于股市的玩法是可以延伸出很多的，无论是

你操作牛股还是强势股，甚至是波段股，无论你是竞价、追涨、打板，还是首板、连板，等等，都是可以适用的，无非是根据自身的条件和性格选择什么样的模式而已。

我很感谢老师，因为入市多年的体会让我知道有的人光摸到这个门就用了好几年，在门外转悠的人更是何其多，浪费的都是人生宝贵的东西，甚至大多数人也许终生入不了门就已经结束了自己的股市生涯，所以我很感谢老师！感谢老师为我敲开了这一扇门！最后学生诚挚祝愿老师身体健康、平安喜乐！

山东　兜兜

2018 年 11 月 17 日

● 结缘金品，给梦想插上腾飞的翅膀

股海茫茫，苦海茫茫！每一个来到股市的人，都难免在苦海中挣扎，最终能够走出苦海的人，一定是非常幸运的。

怎样才能成为非常幸运的少数人？除了先天的禀赋之外，对于普通人来说，后天的努力更为重要。但努力一定是有方向的，而且方向还要正确。否则你没有方向或者方向不对，最终都是耗费了光阴，南辕北辙，徒劳无益，甚至悲惨。

那么做股票努力的正确方向是什么呢？在我看来，就是领悟和把握股价运行的本质，把握股价运行的规律，构建高胜率的操作系统，而股价的箱体运动就是股价运行的本质和规律。

2017 年 11 月初，距离入市已经两年多了。期间虽然读了很多股票书籍，但总是东一榔头，西一棒槌，没有章法，股票操作有赚有赔，总体上是亏损居多。

11 月初的一个深夜，在网上浏览新书出版的时候，《金品战法之箱体大突破》映入眼帘。看到书的一刹那，直觉就告诉我这本书就是我想要的，会从中学到很多东西，完善自己的操作系统。因为之前读过一个普通

散户写的书，运用箱体战法，波段操作，五年的时间，本金翻了接近七十倍，业绩不可谓不靓丽。所以看到书后毫不犹豫地下单就买，但当时书刚出来，是预售，急不可待地等了二十多天才拿到书。拿到书后，抽时间读了两三遍，觉得确实有很多干货，验证了自己的直觉，结合自己之前的经验，觉得股票操作这件事，光靠读书是不行的，有机会还要向实战经验丰富的人学习取经，有名师、高人指点，会极大地缩短你悟道的过程，少走很多弯路。正好书里面有王老师的联系方式，就给王老师打电话联系，把培训的事情定了下来。

2018年1月初，在唐山完成了三天的培训。这三天是紧张而充实的三天，对于我来说，眼界大开，被王老师的实战水平和人品深深地折服，学到了很多实用的技术，对于箱体的认知提升到了一个全新的水平，尤其是箱体研判方法和分时图技术对于我的帮助特别大。当然，金品并不是单一的技术，而是一个综合体系，涉及到行情、题材、热点、形态、位置、量能的解读和研判，股票的买入、持有、卖出，一些有代表性的实用战法、看盘程序、匹配的选股公式等各个方面。无疑，金品体系是对股价运行规律的一种高度概括性的提炼和总结，对金品体系的领悟和熟练掌握，会极大地提升你的看盘水平。而只有做到能够精通看盘，才能掌握股价运行的命脉，看清股价运行的态势和趋势，才能知道什么时候该买，什么时候该卖，什么时候该空仓，从而切实做到顺势而为。师傅领进门，修行在个人。对于金品体系，不是三天就能掌握的，培训完了之后还需要在每天的实盘操作中，不断地去练习，不断地总结得失，以达到熟练掌握，融会贯通。

对于"金品体系"的学习和实践，学生有以下几点体会。

一、修炼成佛的法门有成千上万种，但如果一个人把所有的法门都尝试一遍，他是成不了佛的。成功一定是有方法的，失败一定是有原因的。所谓成功不过是用已经被实践证明有效的方法不断重复成功的过程而已。所谓失败，不过是用已经被证明失败的方法重复失败的过程。掌握一种成功方法，要不离不弃，坚持去实践和完善，绝不能眼高手低、一曝十寒、半途而废。用好一个技术，比掌握一百种技术强一万倍。一种方法试验千百遍后，你对它的理解和感悟，一定比千百种方法各试验一遍要深刻的多。金品体系已经被实践证明是一套科学、高效、实用的体系，聚焦于金品这一点，持续的专注和坚持，对金品体系的研习和领悟、把握，足以让你修炼成佛。正如卖油翁所言：无他，唯手熟尔。

二、真正建立起属于自己的交易体系。在股海中冲锋陷阵，必须建立一套真正属于自己的操盘体系，规范化、简单化、模式化交易，坚信、坚持、坚守，并不断完善，使系统更加有效。学完金品体系后，建议把要点都整理出来，并反复体悟其中的精义。只有真正建立起自己的技术操盘体系，培养出强势股的操盘直觉，具有较高成功率的时候，才算真正获得在股海中遨游的实力，才可以真正主宰自己的命运。

三、对金品体系的掌握日益加深，并不意味着你可以无往而不胜。做股票要想实现持续、稳定的赢利，具备了正确的理念、高超的技术之后，起决定性作用的就是你的心态。有什么样的心态，就有什么样的结果。心态是一个修炼的过程，最终成功炒股的过程就是战胜自己人性弱点的过程。不断提升自我、战胜自我、超越自我。当一个人拥有自信、自律、沉稳、谦逊的心态，并持续地贯彻到每一次交易时，久而久之，就会养成一种赢家的心理习惯和行为习惯。具备了赢家心态的人，才能成为最后的赢家。

在唐山的几次相聚，王老师的金品体系，就像股海明灯，照亮了我的投资之路。

马云说：梦想还是要有的，万一实现了呢。未来是属于有梦想有准备的人，在金品的助力下，我已经准备好了！再次感谢王老师的传道授业解惑！

山东　九天揽月
2018 年 12 月

● 黑马基因长线香

尊敬的王老师：您好！

首先要恭贺老师的第二本著作出版，相信您的每一个学生都会为之自豪。

记得 2017 年正月初三，在绵阳新华书店，我一眼看见书架上黄色封面的《金品战法之箱体大突破》一书，取下随手翻了几页，顿时被吸引住了，立马买下一本，节日除招呼应酬外，其余时间就是看《金品战法之箱体大突破》度过的。

当今，有关股市操作技术的理论五花八门，说得都有道理，实际操作时，什么点位买，什么点位卖真难。反复读过《金品战法之箱体大突破》后，自己的思绪清晰了许多，书中理论深入浅出，文字精练，言简意赅，能理解，容易懂，好记意。上、下互生，横插一杠，充斥在整个股价的运动变化中，上、下横在不同的周期里无时无刻形影不离，次序互换，三三相连，生生不息，演绎出一幕幕股市风云，人间的悲欢。这正是一生二，二生三，三生万物的运动形态和万事万物的运行规律。

我算幸运，有心栽花花不开，无心插柳柳成荫，偶遇金品，品出大道至简，股价由箱而生，由品而起，感慨：

金箱银箱百宝箱，

阴阳 K 线箱里装。

百变形态上下横，

不论牛熊皆放光。

借此机会，再次感谢尊敬的老师，老师的惊世之作定会造福广大的投资者，授人以渔功德无量，愿老师身体健康，美丽红装！

德功渔

2018 年 10 月 12 日

● **箱体指路**

我从来没有想过我会入股市，而且，会亏得这么惨。军人、干部家庭背景出身的我，从小被教育，钱是靠努力赚来的，没有任何的侥幸。然而，在金融行业混迹久了，做多了金融营销，也必然没法逃避证券、基金的各种兜售人员，久而久之，别人给你画的一个饼，各种消息、内幕消息，以为自己是天之骄子，难逃人性的弱点，终于，在股市高位接了个盘。接盘之后，无疑不服输的，也没法承受结果。在深圳的大金融圈，我所获得的资源应该是还不错的，但是，身边没有谁在股灾中全身而退，都是伤痕累累。我开始不相信任何的消息、内幕，也开始思考这里面的关键所在。见有技术派逃了顶，痛定思痛，开始了技术分析学习之路。

技术分析之路，比消息之路漫长、艰辛、坎坷。因为消息的验证是很快的，人性膨胀一个小周期之后，就会倒 V 形反转直下。而技术分析之路，学派之多、内容之复杂、道路之漫长，是无法想象的。我开始买了很多书，又看了很多教学视频，见到一个老师就花巨资扑过去，这个过程，也走了很久，但是，成效甚微。因为，学派很多，不成一体；技术需要综合运用，而自己不具有融会贯通的能力；骗子老师居多，如果自己赚钱很多就不出来教了，所以，走了一两年，耗费了大量资金和业余时间，工作也没做好，心态不好，也不见成效。

认识老师时，我已经对市面上的所谓老师和所谓学习产生了质疑。然而，我仍然追崇老师，原因有三，其一，作为女性，老师让我感受到了感性和真实，原始和善良；其二，老师说，一不荐股二不带盘，我认为，不是负责任的人说不出这种话；其三，老师强调风险、强调不做，而不是像某些人，鼓励蛮干。既是缘分，也是机遇，我开始执着追随。

接近一年的时间，数次跑唐山，认真刻苦，虽然大市不好，但是，终究也让我感觉，市场不是不能克服和战胜的。老师的教导，我深蕴于心的有几点：

一、尊重市场，尊重大盘，规避大概率的风险。大盘不好的时候，大概率是亏，有时候，不做也是赚的，不懂得不做。很多人在股市，总觉得难，无法走出来，始终是心魔、人性，无法战胜自己。无法尊重规律，不尊重市场、不尊重规律，总是以为人定胜天，结果，终不会很好。

二、形态和图形。对市场的理解，说简单也简单，说复杂也复杂，老师对形态和图形的理解，到了出神入化的程度，也是多少年的刻苦和经验的结晶，我做不到，然而，老师指点了一些路，让我对市场的理解，从混沌到明朗，其实说白了，也就是那几个图形，那几招，如果能深蕴于心，做减法，走出来不是不可能的。老师总结的妖股形态，让我在短短一年的时间内，也做到了好多妖股，如贵州燃气、亚夏汽车，等等，这在过去，是不可想象的。

三、题材。在大盘和形态的基础上，必须辅之以题材，才能事半功倍，而题材的理解，需要持之以恒的跟踪市场和个股，这个就见仁见智了。

感谢老师，让我看到了希望，看到了理性，看到了可能性。股市之路，无限唏嘘，以上的语言希望能提供给读者一点思考，少走点弯路，早日走出混沌状态。

深圳　洁月仙子
2019 年 1 月

● 重新寻找股市的方向

从 2008 年入市，至今也有十个年头了，也曾经通过几年学习建立了长线交易系统，并在 2009 年以后的熊市中满仓操作并稳定赢利，最高的时候账户翻了十倍有余，当时想着这股市真是个好地方，赚钱也挺容易的，于是在 2014 年初结束生意专职做股票，运气好正赶上 2015 年大牛市，于是满仓＋融资，那段时间每天看着账户里的钱在飞，憧憬着未来的美好生活，完全没意识到风险来临，等到反应过来的时候市值已经去了一半多，但是多年的满仓习惯根本就没想过止损，只想着扛过去又是一条好汉，结果越套越深，最后在 2017 年一波反弹中清除杠杆抽出资金，此时市值离高点已经去了70％。市值的蒸发并没有动摇我对原有体系的信心，真正让我恐慌的是新股扩容和退市制度趋严，乃至以后可能会发展成注册制与退市常态化，这就打破了以前做股票最重要的底线壳价值，让我长期坚守失去了依托，顿感前路迷茫。最后经过深刻反思，决定心态归零，重新出发。

往后的日子大部分时间都是在看书、听课、验证、亏损中循环，参加了一些线上线下的学习班，大多时候听着热血沸腾，恨不得马上撸起袖子开干，可是一坐到电脑前面买卖就蒙了。每天内心依旧是充满了犹豫和焦虑，但是找不到方向，而资金也在一次次试错中不断往下掉，中间一度也心灰意冷，起初连老师的课都打算拒绝的，幸好被朋友硬拉着一起上了金品培训班，才没有错失深入学习金品战法的机会。

上课之初就被震撼到了，我们以前抓只涨停板跟过节似的得高兴小半天，看了老师的操作才知道涨停板是论串，一抓就是好几个。为什么老师抓板就这么轻松呢？随着课程的深入才明白，老师一直以来专注强势股、黑马股的起爆点，而这些股票基本都是以涨停板的形式突破，所以抓涨停是信手拈来。但是这一个点是怎么来的呢？就是一整套分析方法，其中包括黑马基因、金品形态、分时战法等。根据大盘环境、题材热点中选取具有黑马基因的股票，通过金品箱体观察多空力量的变化，然后在分时图上锁定这个点，只等放量突破的一刻就下单买入，和主力一同出征，最后用两线卖出法锁定利润，整个过程干脆利落、简单明了而且成功率高。

当然这是融会贯通以后，其实老师的三天的课程内容非常多，而且都是干货，每一招都值得仔细揣摩。由于内容实在太丰富一时难以消化，所以我刚开始做的时候并不顺利，第一次上课就光做笔记了，根本就没时间听，所以回去做的也是一头雾水，就算老师实盘带也是懵懵懂懂的。后来复课总算听了个大概，但是回去也不敢轻易下手，因为做股票时常看走眼，反思原因理念有了，但不会灵活运用。到第二次复课才算是初入门径，能够每天抓到涨停板了，因为这次学习有两个最重要的收获给我买入的信心，一是当一个题材起来的时候资金更愿意去做形态好的股票，或者说形态好的股票里已经有主力资金介入只等风来它就拉，第二个是做主流形态，形态好的股票那么多，哪一种才是现在的主流偏好，成功率最高的一种。解决这些问题后，下单底气十足，因为我知道在这个位置主力比我还着急。现在这种弱势行情延续性都不强，平时抓板也就一两天行情，仅剩两只走势好点的票，见下面两幅图。

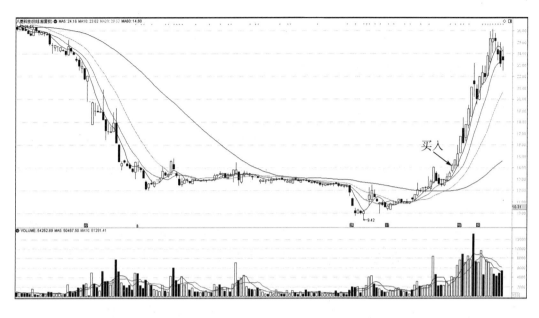

| 20181204 | 14:16:07 | 002592 | 八菱科技 | 买入担保品 | 14.500 |

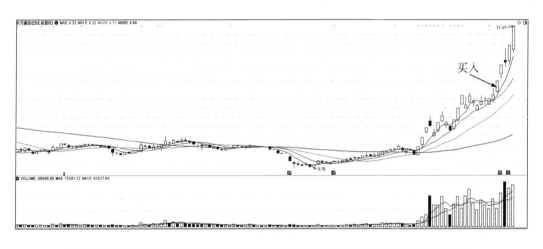

| 20181224 | 09:42:31 | 600776 | 东方通信 | 买入担保品 | 8.290 |

　　12月复课以后的这段时间，是我近两年以来过得最轻松的时候，因为我又重新找到了努力的方向。我相信老师所教的方法，在这种下跌弱势市场中都能赢利，何况以后市场走强了呢？这一刻我对未来充满信心，谢谢老师！是你帮助我走出阴霾。

湖南　徐璞

2018 年 12 月

● 预祝老师第二本著作面市

王老师您好：

得知您的第二本著作即将面世。作为您的学生，我倍感兴奋！我们的箱体理论体系又多了一部经典之作，我们的金品学员在股市前行的道路上又多了一个指路明灯。

记得当初在书店看到老师的著作《金品战法之箱体大突破》，在前言里看到您是一位集中自己全部精力，对于"箱体"这一股市中常见的形态，作为专项课题深入研究了十几年的人，我立刻被您的这种单点爆破的专业精神深深折服了。当时我就想，既然作者拥有这么优秀的思维模式，必定会对股市有不凡的见解。我如获至宝，将您的著作买回家中一口气读完了，让我感觉酣畅淋漓，如醍醐灌顶，一下子对股市的认识和理解变得深刻了。主力，似乎不再是我的敌人，而逐渐成了我的朋友。又用了几天时间再次将您的著作学习了一遍，更加坚定了要向老师拜师学艺的想法。

接下来的日子里，经过数次辗转，终于有了和老师通话的机会，我急切地表达了想拜师学艺的想法。老师让我谈谈学完《金品战法之箱体大突破》后的体会，我急不可耐地谈了股价的走势架构对我的影响。

我印象最深的就是，老师听完后对我的问话，"股价的三种趋势组成不同的 12 种架构，只是对股价走势的基本认识，这对你以后的选股操作有什么帮助？你以后股票的买卖操作应该重点选取哪几种架构进行学习研究？"

老师的问话一针见血直指核心，问完后我顿时哑口无言。向老师拜师学艺的愿望再次强烈地驱使着我。当我鼓起勇气表达了自己的想法之后，老师又说道："金品体系讲的不是股票的几种战法，而是以箱体为研究对象的一系列完整的操作体系。你如果能坚持每日复盘，反复地练习不同箱体的画法，才能逐渐入门提高操盘能力。"经过自己的深思熟虑和不断地努力，终于获得了到老师身边参加高端学员课程的学习机会。

经过深入学习之后才体会到，老师的这套体系不仅是对股价走势架构的基本表述，还教会我们怎样确定阶段性底部；箱体理论中四种箱体关系里，哪一种是我们股市操作中应该重点学习和关注的；寻找强势股和黑马股更加详细的细节。

老师在课堂上通过数千个案例饱和式轰炸，使我们将股票从面、线、点与宏观、中观、微观的多维度、多侧面做了立体式的细致深入讲解。尤其是老师讲分时的三种体系心法和十二大要点更是精妙绝伦，让我在去年8月的高端学员实操课上，实盘捉到了金牛化工。

课后，老师还要求我们每天对于预警公式中选出的股票必须认真仔细地画箱体，将课程中讲过的股票进行课后的复盘、画箱体，从千锤百炼中逐渐磨炼我们的基本功。

去年12月下旬，我再次参加老师的免费复训课，虽然市场在不断地变化，我们的课程也在不断地更新，王老师根据当下盘面为我们的课程增加了20%的新内容，为了让大家更好地理解和消化课程内容，王老师还将很多知识点总结为一首首通俗易懂的诗词，让我们在提高技术的同时，又能慢慢地欣赏品味股市，我们学员都说这才是做到了"生活不只有股票，还有诗和远方"。

通过学习我最深刻的感受就是：箱体理论体系就像一座围城，任凭主力在里面唱歌跳舞做表演；金品体系就像一个舞台，我们在台下品茶欣赏做人生！

感谢王老师让我通过不断学习，摆脱了一买就跌、一卖就涨的痛苦状况；感谢王老师让我的操盘技能不断提升，股票账户逐渐实现了正增长；感谢王老师带领我进入这么温暖又有上进心的金品箱体大家庭！

清风

2018年12月

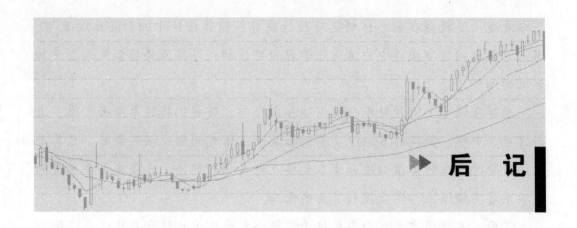

后　记

　　写作是一场修炼和感悟，它让我静心思考，检查和总结过去的经验，把思想组成一个体系。慢慢地，我对写作已经有了一种习惯和依赖。

　　这第二本书的完成，让我百感交集。此时，我最想感谢的，是亲爱的学生和网友，是你们一直不离不弃地陪伴在我身边，也常在静夜时分驻守在我的心灵之中，与我静静对话；是你们使我有了写作的冲动，让我有机会深入探寻自己的思想和理论，使我又发现了许多以前没有表达出来的东西；而最重要的是，你们让我看到了箱体之美！

　　随着时间的前行，炒股对我来说，已经从最初的一种对赢利的追求，慢慢地变成了一种对艺术的探索：股市深奥、玄妙、变化无方；股市让我看到了人性和社会，时常还体会到哲学和宗教，盘面上的曲线和数字，让我看到了散居于世界各处的炒家，和他们手中资金海洋的涌动，同时还向我揭示了万法归一、道法自然的道理。所有这些感受，都是随着每天白日的操盘和夜间的写作而每每涌上心头的。

　　原本我雄心万丈，此时却感觉自己无知而渺小。入市近15年来，精研箱体已超过10年。越是深入地探索，越感觉箱体的奥妙无穷：达瓦斯提出的箱体是一个不断进化的事物，它在你我的探索之中不断地发展，似乎永无尽头。在这些年里，我认定并已经形成习惯的，就是不断地研究、练习，再研究、再练习，最终形成了对箱体之美的信仰。我如今的稳定获利，全都来源于箱体的赐予。在此，我衷心地希望亲爱的读者们也能从中体会到它的美感，得到它所赐予的财富。

最后，恳请亲爱的读者提出您真诚而宝贵的意见。如欲交流或赐教，敬请您通过电话或微信与我共同探讨。

联系方式：

电话：15031536862　　微信：a13703380523

红指妙奕微信号扫码

红指妙奕

2019 年 6 月于北京